2022 房地产经纪专业人员职业资格考试

房地产经纪人考试高频考点与真题解析
房地产交易制度政策

58安居客培训赋能中心　　　　联合编写
正房科技考试研究组

杜 岩　刘惠鑫　赵汝霏　主　编

中国建筑工业出版社
中国城市出版社

图书在版编目（CIP）数据

房地产经纪人考试高频考点与真题解析. 房地产交易制度政策/58安居客培训赋能中心，正房科技考试研究组联合编写；杜岩，刘惠鑫，赵汝霏主编. —北京：中国城市出版社，2022.7

2022房地产经纪专业人员职业资格考试

ISBN 978-7-5074-3486-6

Ⅰ.①房… Ⅱ.①5…②正…③杜…④刘…⑤赵… Ⅲ.①房地产业—经济制度—中国—资格考试—自学参考资料 ②房地产业—经济政策—中国—资格考试—自学参考资料 Ⅳ.①F299.233

中国版本图书馆CIP数据核字（2022）第115556号

责任编辑：毕凤鸣　封　毅
责任校对：芦欣甜

2022房地产经纪专业人员职业资格考试

房地产经纪人考试高频考点与真题解析

房地产交易制度政策

58安居客培训赋能中心
正房科技考试研究组　联合编写
杜　岩　刘惠鑫　赵汝霏　主　编

*

中国建筑工业出版社、中国城市出版社出版、发行（北京海淀三里河路9号）
各地新华书店、建筑书店经销
北京建筑工业印刷厂制版
北京同文印刷有限责任公司印刷

*

开本：787毫米×1092毫米　1/16　印张：$10\frac{1}{4}$　字数：250千字
2022年8月第一版　2022年8月第一次印刷
定价：**30.00元**
ISBN 978-7-5074-3486-6
（904486）

版权所有　翻印必究
如有印装质量问题，可寄本社图书出版中心退换
（邮政编码 100037）

本书编委会

主编单位：58安居客培训赋能中心

　　　　　　正房科技考试研究组

主　　编：杜　岩　刘惠鑫　赵汝霏

参编人员：金梦蕾　任芳芳　侯蕴藝

前　言

一、为什么要编写这套考试辅导用书

多数房地产经纪从业人员希望通过国家职业资格考试，取得一个官方认证的合法身份。一线经纪人员如果没有相应的资格证书在手，业绩做得再好总少点底气和信心。首先，害怕被业主或者客户问有没有资格证，质疑自己的专业能力；其次，担心政府管理部门检查有没有持证上岗，整天提心吊胆；再有，就是不能在经纪服务合同上签名，做业务名不正言不顺。据统计，全国已经有20多万人取得房地产经纪专业资格证书，还没有通过考试的人压力会越来越大。这些苦恼，迫使经纪从业人员亟需通过职业资格考试取得一个专业身份。

愿望很美好，现实很残酷。一线房地产经纪人员平时工作繁忙，每天怀揣着财富梦努力开发、带看、做单、冲业绩，一周工作6天，常常从早9点忙到晚11点，节假日更是最忙的时候，几乎没有时间看书、复习。经纪人考试四本书，加起来1000多页；协理考试两本书，也有好几百页，怎么办？于是我们组织编写了本套考试辅导用书，旨在帮助经纪人员更好地理解教材内容，事半功倍达到复习效果。

二、这是一本什么样的考试辅导用书

这是一套从考生应试需求出发，总结提炼考试要点、掌握考试规律的复习辅导用书。本书的编写目的，是帮助胸有成竹的考生考出优异的成绩；帮助没有足够时间看书复习的考生提高复习效率；帮助临场没有太大把握的考生提高应试技巧；帮助没有太多时间看书的考生多掌握必备知识点。本书的编写人员拥有多年考试辅导经验，熟读考试用书，精通命题规律，了解历年核心知识点，掌握解题技巧。

本书内容分为【章节导引】【章节核心知识点】【真题实测】【章节小测】【模拟卷】几部分。

【章节导引】用关系图的形式，帮助考生一目了然地掌握知识要点的逻辑关系，概览知识体系。

【章节核心知识点】对经纪人员应知应会内容进行总结和提炼，帮助考生快速掌握考试的要点和命题的重点。

【真题实测】和【章节小测】从应试角度出发，结合历年的真实考题，梳理相关核心知识点，进行章节测试，辅之详细的解析，提高考生的解题能力。

【模拟卷】仿照考试真题，按照真实考试题型题量及分布的要求拟定的考试模拟题，帮助考生模拟考试实战。

综上，本书的主要特点是核心知识点突出、以练带学，能更有针对性、更突出重点地帮助经纪人员理解考点和加深记忆，是考前冲刺重要的复习资料。

三、这套考试辅导用书能解决什么问题

考生的情况千差万别，这套书如何兼顾不同的情况？到底能解决什么问题？编写者动笔之前就明确了本书要解决的问题。

如果考生没有充足的复习备考时间，本书中的"核心知识点"可以让考生提高学习效率，节省复习时间。

如果考生的解题技巧不娴熟，本书的解题分析可以帮助考生了解解题思维，掌握解题技巧，让考生做题时驾轻就熟。

如果考生对考试的形式比较陌生，本书的模拟卷可以让考生提前练兵，考试时面对真题似曾相识，镇定自若。

如果考生到考试了还没看完书，本书可以让考生临阵磨枪，尽可能利用解题技巧多做对题。

如果考生已看过多遍考试用书，本书的模拟试题可以检测考生的复习效果，考查考试用书的掌握情况。

需要说明的是，本书只是概括了核心知识点，并不能囊括教材中的所有知识点，考生也可根据自己对不同章节知识的掌握程度、时间安排等进行自我学习规划。

四、希望更多的考生能够看到这套用书

房地产经纪是一个不靠关系、不求人的公平竞争的行业，很多草根出身的年轻人通过努力做单，实现了人生财富的累积。房地产经纪专业人员职业资格考试，相对于业务竞争更加公平、有序，复习的一分一秒一定会转化为一个对题一个得分。当然，公平不可能是绝对的，业务上同样的努力，因所在区域或商圈不同，工作业绩差异很大；复习上花费同样的时间，如果没有选对考试辅导用书，就可能因几分之差而需继续准备下一年的考试。

最后，希望更多的人看到本套辅导用书，通过高效率的复习，顺利通过考试，成功完成房地产经纪专业人员身份的逆袭。恳请广大读者提出宝贵意见，便于后期修订。

编者

2022 年 4 月

目　　录

第一章　房地产业及相关法规政策 ………………………………………………… 1
【章节导引】 …………………………………………………………………… 1
【章节核心知识点】 …………………………………………………………… 1
核心知识点1：房地产业的概念和性质 ……………………………………… 1
核心知识点2：房地产行业的作用 …………………………………………… 2
核心知识点3：房地产行业的细分 …………………………………………… 2
核心知识点4：房地产法律的调整对象 ……………………………………… 3
核心知识点5：房地产法规政策体系 ………………………………………… 4
核心知识点6：相关法规的有关主要规定 …………………………………… 5
【真题实测】 …………………………………………………………………… 6
【真题实测答案及解析】 ……………………………………………………… 6
【章节小测】 …………………………………………………………………… 7
【章节小测答案及解析】 ……………………………………………………… 8

第二章　房地产基本制度与房地产权利 …………………………………………… 10
【章节导引】 …………………………………………………………………… 10
【章节核心知识点】 …………………………………………………………… 10
核心知识点1：土地所有制 …………………………………………………… 10
核心知识点2：土地管理基本制度 …………………………………………… 11
核心知识点3：国有建设用地使用制度 ……………………………………… 11
核心知识点4：房屋所有制 …………………………………………………… 12
核心知识点5：房屋征收 ……………………………………………………… 13
核心知识点6：房地产权利的种类 …………………………………………… 14
【真题实测】 …………………………………………………………………… 16
【真题实测答案及解析】 ……………………………………………………… 17
【章节小测】 …………………………………………………………………… 18
【章节小测答案及解析】 ……………………………………………………… 19

第三章 房地产转让相关制度政策 ·················· 21

【章节导引】·················· 21

【章节核心知识点】·················· 21

核心知识点1：房地产转让·················· 21

核心知识点2：房地产转让的条件·················· 22

核心知识点3：存量房买卖制度政策·················· 23

核心知识点4：存量房销售违规行为的处罚·················· 25

核心知识点5：出让方式取得国有建设用地使用权的房地产项目转让管理·················· 25

核心知识点6：划拨方式取得国有建设用地使用权的房地产项目转让管理·················· 26

核心知识点7：夫妻财产关系中的房地产转让管理·················· 27

核心知识点8：共有房屋的转让管理·················· 28

核心知识点9：交易资金监管·················· 28

【真题实测】·················· 29

【真题实测答案及解析】·················· 30

【章节小测】·················· 31

【章节小测答案及解析】·················· 33

第四章 新建商品房销售相关制度政策·················· 35

【章节导引】·················· 35

【章节核心知识点】·················· 35

核心知识点1：商品房预售的条件·················· 35

核心知识点2：商品房现售规定·················· 36

核心知识点3：商品房销售中禁止的行为·················· 37

核心知识点4：商品房销售的计价方式·················· 37

核心知识点5：面积误差的处理方式·················· 38

核心知识点6：新建商品房售后质量管理·················· 39

核心知识点7：物业管理的含义及作用·················· 39

核心知识点8：住宅专项维修资金制度·················· 40

【真题实测】·················· 41

【真题实测答案及解析】·················· 41

【章节小测】·················· 42

【章节小测答案及解析】·················· 43

第五章 房屋租赁相关制度政策 ··· 45

【章节导引】 ·· 45

【章节核心知识点】 ··· 45

核心知识点 1：租赁合同概述 ··· 45

核心知识点 2：房屋租赁合同当事人的权利义务 ·· 46

核心知识点 3：房屋租赁合同的解除 ··· 47

核心知识点 4：房屋租赁及转租的基本要求 ··· 47

核心知识点 5：房屋租赁中的禁止行为 ··· 48

核心知识点 6：稳定出租房屋租赁关系的特殊规定 ···································· 48

核心知识点 7：商品房租赁登记备案制度 ··· 50

核心知识点 8：公共租赁住房管理 ··· 50

【真题实测】 ·· 51

【真题实测答案及解析】 ·· 51

【章节小测】 ·· 52

【章节小测答案及解析】 ·· 53

第六章 个人住房贷款相关制度政策 ··· 55

【章节导引】 ·· 55

【章节核心知识点】 ··· 55

核心知识点 1：个人住房贷款政策概述 ··· 55

核心知识点 2：个人住房贷款风险防范 ··· 56

核心知识点 3：房地产抵押的特征和主要类型 ··· 56

核心知识点 4：房地产抵押设定 ··· 57

核心知识点 5：房地产抵押合同 ··· 58

核心知识点 6：公积金制度 ··· 59

【真题实测】 ·· 60

【真题实测答案及解析】 ·· 61

【章节小测】 ·· 62

【章节小测答案及解析】 ·· 63

第七章 房地产交易税费相关制度政策 ··· 65

【章节导引】 ·· 65

【章节核心知识点】 ··· 65

核心知识点 1：税收的概念及特征 ··· 65

核心知识点 2：我国现行房地产税种 ·· 65
　　核心知识点 3：契税 ·· 66
　　核心知识点 4：增值税 ··· 67
　　核心知识点 5：个人所得税 ·· 68
　　核心知识点 6：企业所得税 ·· 68
　　核心知识点 7：房产税 ··· 69
　　核心知识点 8：土地增值税 ·· 70
　　核心知识点 9：印花税 ··· 71
　　核心知识点 10：其他税费 ··· 71
　【真题实测】··· 72
　【真题实测答案及解析】·· 72
　【章节小测】··· 73
　【章节小测答案及解析】·· 74

第八章　不动产登记相关制度政策 ·· 76
　【章节导引】··· 76
　【章节核心知识点】·· 76
　　核心知识点 1：不动产登记概述 ·· 76
　　核心知识点 2：不动产登记的目的 ·· 77
　　核心知识点 3：不动产登记簿 ··· 78
　　核心知识点 4：不动产物权生效时间 ··· 78
　　核心知识点 5：不动产登记类型 ·· 79
　　核心知识点 6：不动产登记程序 ·· 81
　　核心知识点 7：不动产登记资料查询概述 ·· 84
　【真题实测】··· 85
　【真题实测答案及解析】·· 85
　【章节小测】··· 86
　【章节小测答案及解析】·· 87

第九章　房地产广告相关制度政策 ·· 89
　【章节导引】··· 89
　【章节核心知识点】·· 89
　　核心知识点 1：房地产广告的内容 ·· 89
　　核心知识点 2：发布房地产广告的具体要求 ······································ 90

核心知识点 3：房地产互联网广告管理 ··· 91
　　核心知识点 4：房地产广告发布的禁止行为 ··································· 91
　　核心知识点 5：房地产广告不得包含的内容 ··································· 93
　　【真题实测】 ··· 94
　　【真题实测答案及解析】 ··· 94
　　【章节小测】 ··· 95
　　【章节小测答案及解析】 ··· 96
特殊考点汇总 ··· 98
制度政策模拟卷（一） ·· 101
制度政策模拟卷（二） ·· 112
制度政策模拟卷答案及解析（一） ·· 124
制度政策模拟卷答案及解析（二） ·· 137
后记 ·· 150
编者简介 ·· 151

第一章 房地产业及相关法规政策

【章节导引】

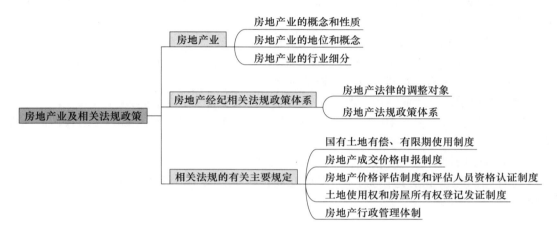

【章节核心知识点】

核心知识点 1：房地产业的概念和性质

房地产业是从事房地产投资、开发、经营、服务和管理的行业，包括房地产开发经营、物业管理、房地产中介服务、房地产租赁经营和其他房地产活动。在国民经济产业分类中，房地产业属于第三产业，是为生产和生活服务的部门。房地产业关联度高、带动力强，是经济发展的基础性、先导性产业，是我国现阶段的一个重要产业。

房地产业与建筑业既有区别又有联系。他们之间的主要区别是：建筑业是物质生产部门，属于第二产业；房地产业兼有生产、经营、服务和管理等多种性质，属于第三产业。这两个产业又有着非常密切的关系，因为他们的业务对象主要都是房地产。

1.（单选题）下列产业中，属于第三产业的是（　　）。
　　A. 农业　　　　　　　　　　　B. 建筑业
　　C. 工业　　　　　　　　　　　D. 房地产业
【答案】D
【解析】国民经济产业分类中，房地产业属于第三产业，是生产和生活服务部门。注：农业属于第一产业；建筑业和工业属于第二产业。
【出处】《房地产交易制度政策》(第四版) P1

核心知识点 2：房地产行业的作用

房地产业是国民经济的重要组成部分。国民经济的发展水平决定着房地产业的发展水平，房地产业的发展既受到国民经济的制约，又能促进国民经济的发展。房地产业有以下重要作用：

（1）可以为国民经济的发展提供重要的物质条件。房地产是国民经济发展的一个基本生产要素，任何行业的发展都离不开房地产。

（2）房地产业关联度高、带动力强，可以带动建筑、建材、化工、轻工、电子、家居用品等相关产业的发展。

（3）可以改善居民的住房条件和生活环境。

（4）可以加快旧城改造和城市基础设施建设，改变落后的城市面貌。通过综合开发，避免分散建设的弊端，有利于城市规划的实施。

（5）有利于优化产业结构，改善投资硬环境，吸引外资，加快改革开放的步伐。

（6）可以扩大就业。特别是房地产经纪行业和物业管理行业，能够吸纳较多的从业人员。

（7）可以增加政府财政收入。

随着国民经济和房地产业的进一步发展，房地产业在国民经济中仍将发挥重要的作用。

1. （单选题）关于房地产业发展的重要作用说法不正确的是（   ）。
   A. 可以加快旧城改造和城市基础设施建设，改变落后的城市面貌
   B. 有利于优化产业结构，改善投资硬环境
   C. 房地产业关联度高、带动力弱
   D. 可以增加政府财政收入

【答案】C

【解析】房地产业关联度高、带动力强，可以带动建筑、建材、化工、轻工、电子、家居用品等相关产业的发展。

【出处】《房地产交易制度政策》（第四版）P1

核心知识点 3：房地产行业的细分

房地产业主要包括房地产开发经营、物业管理、房地产中介服务、房地产租赁经营和其他房地产业。其中，房地产租赁经营、物业管理和房地产中介服务合称房地产服务业；房地产中介服务又分为房地产咨询、房地产估价和房地产经纪等活动。

（1）房地产开发经营业：具有单件性、投资大、周期长、风险高、回报率高、附加值高、产业关联度高、带动力强等特点。多年来，我国房地产业中房地产开发经营占主体地位。随着存量房时代的到来，房地产开发经营业将发生深刻变化。

（2）物业管理业：是劳动密集和知识密集的行业。

（3）房地产咨询业：指为有关房地产活动的当事人提供法律法规、政策、信息、技术

等方面的咨询服务，现实中的具体业务主要有接受当事人的委托进行房地产市场调查研究、房地产投资项目可行性研究、房地产开发项目策划等。目前，房地产估价师和房地产估价机构或者房地产经纪人和房地产经纪机构承担了大量的房地产咨询业务。

（4）房地产估价业：是知识密集型行业。

（5）房地产经纪业：是知识密集和劳动密集的行业。随着我国房地产市场逐步由新建商品房买卖为主转变为存量房租赁和买卖为主，房地产业将逐步由房地产开发经营为主转变为房地产经纪等房地产服务为主。在成熟的房地产市场中，房地产经纪业居房地产业的主体地位。

（6）房地产租赁经营业：是指各类单位和居民住房的营利性房地产租赁的活动，以及房地产管理部门、企事业单位、机关提供的非营利性租赁服务，包括土地使用权租赁服务、保障性住宅租赁服务、非住宅租赁服务、普通住宅租赁服务等。

1.（单选题）下列活动中，不属于房地产咨询业务的是（　　）。
A. 商品房销售代理
B. 房地产市场调查研究
C. 房地产开发项目策划
D. 房地产投资项目可行性研究

【答案】A
【解析】现实中具体的房地产咨询业务主要包括接受当事人的委托进行房地产市场调查研究、房地产投资项目可行性研究、房地产开发项目策划等。A选项属于房地产经纪业的范畴。
【出处】《房地产交易制度政策》（第四版）P3

核心知识点4：房地产法律的调整对象

房地产法律有着特定的调整对象，既不是调整一般的民事关系，也不是调整普通的商品交易关系，它调整的是与房地产开发、交易和物业管理等有关的各种社会关系，具体地说，房地产法律的调整对象包括房地产开发关系、房地产交易关系、物业管理关系、房地产行政管理关系及住房保障法律关系等。

（1）房地产开发关系。包括两方面的内容：第一，获得建设用地使用权；第二，在获得建设用地使用权的土地上建造房屋。

（2）房地产交易关系。主要包括：房地产开发企业对特定房地产拥有的所有权关系、开发企业或所有权人将房地产出售给他人时所形成的转让关系、房地产权利人将房地产出租或抵押给他人所形成的租赁关系或抵押关系，以及在交易中产生的中介服务关系。

（3）物业管理关系。是指物业所有者（业主）委托特定的物业服务企业对其所有的物业提供修缮、养护、保管、看管等活动时产生的法律关系。

（4）房地产行政管理关系。是指房地产行政主管部门依据法律规定对房地产市场实施管理、监督、检查时发生的法律关系。这种法律关系同前几种关系不同，典型特征是其主体法律地位不平等，是管理与被管理的关系。

（5）住房保障法律关系。是指在政府通过配租、配售保障性住房或者发放租赁补贴等方式，解决城镇中低收入家庭和个人的住房困难，实现住有所居过程中所产生的行政法律关系与民事法律关系的总称。

1.（多选题）房地产法律的调整对象包括（　　）。
　　A. 房地产经营关系　　　　　B. 房地产开发关系
　　C. 房地产咨询关系　　　　　D. 房地产行政管理关系
　　E. 房地产交易关系

【答案】BDE
【解析】房地产法律的调整对象包括：房地产开发关系、房地产交易关系、物业管理关系、房地产行政管理关系、住房保障法律关系。
【出处】《房地产交易制度政策》（第四版）P5

核心知识点5：房地产法规政策体系

从立法层次上看主要包括以下内容：
1. 法律。
（1）《宪法》是国家的根本大法，具有最高的法律效力，无论是房地产立法或执法都必须遵循宪法规定的原则。
（2）《民法典》是新中国第一部以法典命名的法律，在法律体系中居于基础性地位，是规范财产关系的基本法律。调整因物的归属和利用而产生的民事关系，包括明确国家、集体、私人和其他权利人的物权以及对物权的保护。
（3）《城市房地产管理法》是我国第一部全面规范房地产开发用地、房地产开发建设、房地产交易、房地产登记管理的法律，是房地产业立法、执法和管理的主要依据。
（4）《土地管理法》是解决土地资源的保护、利用和配置，规范城市建设用地的征收或征用，即征收或征用农村集体所有的土地以及使用国有土地等问题的主要依据。
（5）《城乡规划法》是为了加强城乡规划管理，协调城乡空间布局，改善人居环境，促进城乡经济社会全面协调可持续发展的主要依据。
2. 行政法规：以国务院令形式颁布的，一般以《……条例》结尾。
3. 部门规章：比如《……办法》《……细则》《……规定》。
4. 规范性文件：是指行政主管部门根据法律、法规、规章的规定，在本部门的权限范围内，以通知、意见等形式发布的文件或者标准、规范，包括国务院、国务院办公厅发布的规范性文件和国务院组成部门发布的规范性文件。比如《……通知》《……意见》等。
5. 最高人民法院的司法解释：是对房地产领域有关问题的解释；也可以是对疑难问题进行研究并就此发布指导性文件。

另外，有关房地产的技术规范，也可纳入广义的房地产法律体系的范畴。如《房地产估价规范》GB/T 50291。

1.（单选题）下列与房地产有关的法律法规中，属于行政法规的是（　　）。
　　A.《物业管理条例》　　　　　B.《房地产经纪管理办法》
　　C.《中华人民共和国物权法》　D.《关于贯彻执行继承法若干问题的意见》

【答案】A
【解析】B 选项属于部门规章，C 选项属于房地产法律，D 选项属于最高人民法院的司法解释。
【出处】《房地产交易制度政策》（第四版）P8
【延展】大部分考生在区分不同法律文件的时候容易混淆，可以结合举例记忆关键词作匹配。除了这个部分外，颁布主体也曾经作为考点来出题，可以重点熟悉一下。

名称	颁布主体	解释说明	举例（记忆）
法律	全国人民代表大会及其常务委员会	制定房地产法规、规章的依据和基础	《宪法》《民法典》《城市房地产管理法》
行政法规	国务院令形式颁布		《……条例》
部门规章	国务院制定的部门规章		《……办法》《……细则》《……规定》
规范性文件	行政机关依法制定	具有普遍约束力的文件	《……通知》《……意见》

核心知识点 6：相关法规的有关主要规定

作为全面规范房地产开发建设、房地产交易、房地产登记等行为的法律，《城市房地产管理法》确立了一系列重要制度和房地产行政管理体制。

（1）国有土地有偿、有限期使用制度；
（2）房地产成交价格申报制度；
（3）房地产价格评估制度和评估人员资格认证制度：房地产估价师；
（4）土地使用权和房屋所有权登记发证制度。遵循"四统一"原则，分别是登记机构、登记簿册、登记依据和信息平台；
（5）房地产行政管理体制。

1．（单选题）下列关于房地产估价的说法，错误的是（　　）。
    A．国家实行房地产价格评估制度
    B．房地产价格评估，应当遵循公正、公平、公开的原则
    C．房地产价格评估人员分为房地产估价师和房地产估价员
    D．取得房地产估价师执业资格的人员，可以以估价师的名义从事房地产估价业务
【答案】D
【解析】取得房地产估价师执业资格的人员，需要经过注册才能以房地产估价师的名义执业。
【出处】《房地产交易制度政策》（第四版）P11
【延展】《注册房地产估价师管理办法》规定，注册房地产估价师是指通过全国房地产估价师执业资格考试或者资格认定、资格互认，取得房地产估价师执业资格并经注册，取得房地产估价师注册证书，从事房地产估价活动的人员。

【真题实测】

一、单选题（每题的备选答案中只有1个最符合题意）

1. 关于房地产成交价格申报制度的说法，正确的是（   ）。
   A. 应当向价格主管部门如实申报
   B. 如实申报是交易当事人的法定义务
   C. 申报价格是缴纳税费的唯一依据
   D. 房地产经纪人可根据客户意愿灵活填报

2. 在国民经济产业分类中，房地产业属于（   ）。
   A. 第一产业
   B. 第二产业
   C. 第三产业
   D. 兼具第二产业和第三产业

3. 在立法层次上，《城市房地产转让管理规定》属于（   ）。
   A. 法律
   B. 行政法规
   C. 规范性文件
   D. 部门规章

4. 关于房地产开发经营活动特点的说法，错误的是（   ）。
   A. 周期短
   B. 投资大
   C. 风险高
   D. 回报率高

5. 下列司法机关中，有权对房地产领域中的有关问题进行解释的是（   ）。
   A. 基层人民检察院
   B. 中级人民法院
   C. 高级人民检察院
   D. 最高人民法院

二、多选题（每题的备选答案中有2个或2个以上符合题意）

6. 房地产中介服务包括（   ）。
   A. 房地产咨询
   B. 房地产开发
   C. 房地产估价
   D. 房地产经纪
   E. 房地产物业管理

7. 房地产法律调整对象包括（   ）关系。
   A. 物业管理
   B. 房地产开发
   C. 施工管理
   D. 房地产交易
   E. 房地产行政管理

【真题实测答案及解析】

1.【答案】B

【解析】如实申报房地产成交价格是交易当事人的法定义务，是房地产交易受法律保护的必要条件之一，B选项正确。成交价格应当向县级以上人民政府规定的部门进行申报，A选项错误；缴纳税费的情况分为两种，如果是房地产转让，应当以申报的成交价格作为纳税依据。如果是成交价格明显低于市场价格的情况，则以评估价格作为纳税依据，C选项错误；D选项灵活填报为明显错误。

【出处】《房地产交易制度政策》（第四版）P11

2.【答案】C

【解析】国民经济产业分类中，房地产业属于第三产业，是生产和生活服务的部门。

【出处】《房地产交易制度政策》（第四版）P1

3. 【答案】D

【解析】部门规章主要有：《商品房销售管理办法》《城市商品房预售管理办法》《城市房地产转让管理规定》等。此题目可采用排除法，A 选项法律比较容易排除；B 选项行政法规是国务院令颁布的，一般以《……条例》结尾；C 选项规范性文件是行政主管部门根据法律发布的文件，比如《……通知》《……意见》。

【出处】《房地产交易制度政策》（第四版）P8

4. 【答案】A

【解析】房地产开发经营业具有单件性、投资大、周期长、风险高、回报率高、附加值高、产业关联度高、带动力强等特点。故 A 选项周期短为明显错误。

【出处】《房地产交易制度政策》（第四版）P3

5. 【答案】D

【解析】最高人民法院在审理房地产案件中，会对房地产领域的有关问题进行解释。

【出处】《房地产交易制度政策》（第四版）P9

6. 【答案】ACD

【解析】房地产中介服务又分为房地产咨询、房地产估价和房地产经纪。B 选项房地产开发属于房地产业范畴；E 选项房地产物业管路属于房地产服务业范畴。

【出处】《房地产交易制度政策》（第四版）P2～P3

7. 【答案】ABDE

【解析】房地产法律的调整对象包括房地产开发关系、房地产交易关系、物业管理关系、房地产行政管理关系及住房保障法律关系等。

【出处】《房地产交易制度政策》（第四版）P5

【章节小测】

一、单选题（每题的备选答案中只有 1 个最符合题意）

1. 下列关于房地产业和建筑业的关系，表述错误的是（　　）。
   A. 两者是同一概念　　　　　　B. 建筑业属于第二产业
   C. 房地产业属于第三产业　　　D. 业务对象主要都是房地产

2. 在我国房地产业中，房地产开发经营业处于（　　）。
   A. 主体地位　　　　　　　　　B. 主体作用
   C. 主导地位　　　　　　　　　D. 主导作用

3. 房地产行政主管部门依据法律规定对房地产市场实施管理、监督、检查时发生的法律关系属于（　　）。
   A. 房地产交易关系　　　　　　B. 房地产开发关系
   C. 住房保障法律关系　　　　　D. 房地产行政管理关系

4. 下列与房地产有关的法规政策中，属于部门规章的是（　　）。
   A.《国务院关于深化城镇住房制度改革的决定》
   B.《房地产经纪管理办法》
   C.《不动产登记暂行条例》
   D.《房产测量规范》

5. 《房地产经纪管理办法》属于（　　）。
   A. 部门规章　　　　　　　　　B. 地方性法规
   C. 房地产法律　　　　　　　　D. 规范性文件
6. 我国行政法规的颁布机关是（　　）。
   A. 国务院
   B. 国务院组成部门
   C. 有立法权的地方人民代表大会
   D. 有立法权的地方人民代表大会常务委员会
7. 房地产转让当事人在房地产转让合同签订后（　　）日内持房地产权属证书、当事人的合法证明、转让合同等有关文件向房地产所在地的房地产管理部门提出申请，并申报成交价格。
   A. 15　　　　　　　　　　　　B. 30
   C. 60　　　　　　　　　　　　D. 90

二、多选题（每题的备选答案中有2个或2个以上符合题意）

8. 《城市房地产管理法》确立的重要制度包括（　　）。
   A. 土地用途管制制度
   B. 房地产经纪人员登记制度
   C. 房地产成交价格申报制度
   D. 国有土地有偿、有限期使用制度
   E. 房地产价格评估制度和评估人员资格认证制度
9. 房地产业包括（　　）。
   A. 物业管理　　　　　　　　　B. 房屋建筑
   C. 建筑装饰装修　　　　　　　D. 房地产开发经营
   E. 房地产中介服务
10. 房地产服务业包括（　　）。
    A. 物业管理　　　　　　　　　B. 房地产咨询
    C. 房地产估价　　　　　　　　D. 房地产租赁经营
    E. 房地产开发经营

【章节小测答案及解析】

1. 【答案】A

【解析】房地产业与建筑业既有区别又有联系。他们之间的主要区别是：建筑业是物质生产部门，属于第二产业；房地产业兼有生产（开发）、经营、服务和管理等多种性质，属于第三产业。这两个产业又有着非常密切的关系，因为他们的业务对象主要都是房地产。故A选项错误，房地产业和建筑业属于不同的概念。

【出处】《房地产交易制度政策》（第四版）P2

2. 【答案】A

【解析】在我国房地产业中房地产开发经营业占主体地位，为固定内容，需要识记。

【出处】《房地产交易制度政策》（第四版）P3

3.【答案】D

【解析】房地产行政管理关系，是指房地产行政主管部门依据法律规定对房地产市场实施管理、监督、检查时发生的法律关系。

【出处】《房地产交易制度政策》（第四版）P5

4.【答案】B

【解析】部门规章：比如《……办法》《……细则》《……规定》，A选项属于规范性文件，C选项属于行政法规，D选项属于有关房地产的技术范畴。

【出处】《房地产交易制度政策》（第四版）P8～P9

5.【答案】A

【解析】《房地产经纪管理办法》属于部门规章。

【出处】《房地产交易制度政策》（第四版）P8

6.【答案】A

【解析】房地产行政法规是以国务院令形式颁布的。

【出处】《房地产交易制度政策》（第四版）P8

7.【答案】D

【解析】房地产转让当事人在房地产转让合同签订后90日内持房地产权属证书、当事人的合法证明、转让合同等有关文件向房地产所在地的房地产管理部门提出申请，并申报成交价格。

【出处】《房地产交易制度政策》（第四版）P10

8.【答案】CDE

【解析】《城市房地产管理法》确定的制度包括国有土地有偿、有限期使用制度、房地产成交价格申报制度、房地产价格评估制度和评估人员资格认证制度、土地使用权和房屋所有权登记发证制度、房地产行政管理体制。

【出处】《房地产交易制度政策》（第四版）P10～P12

9.【答案】ADE

【解析】房地产业是从事房地产投资、开发、经营、服务和管理的行业，包括房地产开发经营、物业管理、房地产中介服务、房地产租赁经营和其他房地产活动。B、C选项不属于房地产业的范畴。

【出处】《房地产交易制度政策》（第四版）P1

10.【答案】ABCD

【解析】房地产租赁经营、物业管理和房地产中介服务合称房地产服务业，房地产中介又分为房地产咨询、房地产估价和房地产经纪等活动。

【出处】《房地产交易制度政策》（第四版）P3

第二章 房地产基本制度与房地产权利

【章节导引】

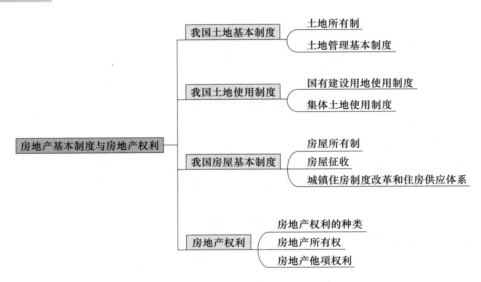

【章节核心知识点】

核心知识点 1：土地所有制

（1）土地所有制性质和形式：土地所有制是指在一定社会生产方式下，由国家确认的土地所有权归属的制度。我国现行土地所有制的性质为社会主义公有制，其形式有两种，分别是全民所有制和劳动群众集体所有制。土地公有制是我国土地制度的基础和核心，也是我国社会主义制度的重要经济基础。

（2）土地的全民所有制。"全民所有，即国家所有土地的所有权由国务院代表国家行使。"据此，我国土地的全民所有制具体采取的是国家所有制的形式，该种所有制的土地被称为国家所有土地，简称国有土地，其所有权由国家代表全体人民行使，具体由国务院代表国家行使。

（3）土地的劳动群众集体所有制。农村集体土地的范围：① 村农民集体；② 村内两个以上农民集体；③ 乡镇农民集体。

农民集体所有的土地，属于本集体成员集体所有。

1.（单选题）我国实行土地的社会主义公有制，即全民所有制和（　　）。
  A. 私有制　　　　　　　　　　　B. 国家所有制

C. 个人所有制　　　　　　　　D. 劳动群众集体所有制

【答案】D

【解析】我国实行土地的社会主义公有制，即全民所有制和劳动群众集体所有制。

【出处】《房地产交易制度政策》（第四版）P14

核心知识点 2：土地管理基本制度

（1）土地登记制度：指不动产登记机构依法将土地权利及相关事项在不动产登记簿上予以记载的行为。国家依法实行土地登记制度。依法登记的土地所有权、使用权和他项权受法律保护，任何单位和个人不得侵犯。

（2）国有土地有偿有限期使用制度：除了国家核准的划拨国有土地以外，凡新增使用国有土地和原使用的国有土地改变用途或使用条件、进行市场交易等，均实行有偿有限期使用。

（3）土地用途管制制度：根据土地利用总体规划，规定土地用途，将土地分为农用地、建设用地和未利用土地。土地用途管制的核心是严格限制农用地转为建设用地。农用地转用须经有批准权的人民政府批准。

（4）耕地保护制度：珍惜、合理利用土地和切实保护耕地是我国的基本国策。《土地管理法》规定，国家对耕地实行特殊保护，严格限制农用地转为建设用地，控制建设用地总量。

1. （单选题）土地用途管制的核心是（　　）。
   A. 不能改变耕地的用途　　　　B. 严格限制农用地转为建设用地
   C. 严格限制商业用地的用途　　D. 不能改变建设用地的用途

【答案】B

【解析】土地用途管制的核心是严格限制农用地转为建设用地。农用地转用须经有批准权的人民政府批准。

【出处】《房地产交易制度政策》（第四版）P16

核心知识点 3：国有建设用地使用制度

我国国有土地供给实行有偿使用和无偿使用两种方式。除国家核准的划拨土地可以无偿使用外，其他国有土地的使用均应以有偿方式取得。国有土地有偿使用方式包括：国有建设用地使用权出让、国有土地租赁、国有建设用地使用权作价出资（入股）和授权经营。

（1）国有建设用地使用权划拨的范围《民法典》第三百四十七条第三款规定："严格限制以划拨方式设立建设用地使用权。"根据《城市房地产管理法》第二十四条、《土地管理法》第五十四条规定，下列建设用地使用权，确属必需的，可以由县级以上人民政府依法批准划拨：

① 国家机关用地和军事用地；
② 城市基础设施用地和公益事业用地；

③ 国家重点扶持的能源、交通、水利等基础设施用地；
④ 法律、行政法规规定的其他用地。

（2）国有建设用地使用权出让的方式：目前，国有建设用地使用权出让有招标、拍卖、挂牌和协议等方式。《民法典》第三百四十七条第二款规定："工业、商业、旅游、娱乐和商品住宅等经营性用地以及同一土地有两个以上意向用地者的，应当采取招标、拍卖等公开竞价的方式出让。"

国有建设用地使用权出让的最高年限由国务院规定，按下列用途确定：
① 居住用地 70 年；
② 工业用地 50 年；
③ 教育、科技、文化、卫生、体育用地 50 年；
④ 商业、旅游、娱乐用地 40 年；
⑤ 综合或其他用地 50 年。

上述最高年限不是唯一年限，具体出让年限由国家根据产业特点和用地项目情况确定或与用地者商定，但实际年限不得高于法律规定的最高年限。

1.（多选题）国有土地有偿使用的方式包括（　　）。
   A. 国有建设用地使用权出让　　B. 国有土地租赁
   C. 国有建设用地使用权作价出资　D. 国有建设用地使用权转让
   E. 国有土地征收

【答案】ABC

【解析】国有土地有偿使用的方式包括国有建设用地使用权出让、国有土地租赁、国有建设用地使用权作价出资或入股。

【出处】《房地产交易制度政策》（第四版）P17

2.（多选题）下列建设项目用地中，属于可采用划拨方式供给的是（　　）。
   A. 商业用地　　　　　　　　B. 工业用地
   C. 公益事业用地　　　　　　D. 娱乐用地
   E. 军事用地

【答案】CE

【解析】下列建设用地使用权，确属必须的，可以由县级以上人民政府依法批准划拨：国家机关和军事用地、城市基础设施和公益事业用地、国家重点扶持的能源、交通、水利等项目用地、法律和行政法规规定的其他用地。

【出处】《房地产交易制度政策》（第四版）P18

核心知识点 4：房屋所有制

1.（单选题）业主的建筑物所有权中，占主导地位的是（　　）
   A. 专有部分的所有权　　　　B. 共有部分的所有权
   C. 共有部分的共同管理权利　D. 共有部分的共有权

【答案】A

【解析】业主的建筑物区分所有权包括以下三个方面的基本内容，一是对专有部分的所有权。二是对建筑物专有部分以外的共有部分享有权利，承担义务。三是对共有部分享有共同管理的权利，即有权对共用部位与公共设备设施的使用、收益、维护等事项通过参加和组织业主大会进行管理。业主的建筑物所有权中，专有部分的所有权占主导地位，是业主对共有部分享有共有权以及对共有部分享有共同管理权的基础。

【出处】《房地产交易制度政策》（第四版）P26～P27

核心知识点 5：房屋征收

（1）房屋征收的概念。房屋征收，过去称为"房屋拆迁"，是指国家为了公共利益的需要，依照法定的权限和程序强制取得单位、个人房屋及其他不动产并给予公平补偿的行为。房屋征收是物权变动的一种特殊情况。房屋征收的主体是国家，通常是由市、县级人民政府以行政命令的方式执行。

（2）房屋征收的限制条件（具有强制性）：

① 只能为了公共利益的需要；

② 必须严格依照法定的权限和程序；

③ 征收的主体只能是政府，并由政府按照被征收房地产的客观市场价值对被征收人的损失予以公平补偿。（备注：征收的核心：不需要房屋所有权人的同意，而强制取得其房屋，收回国有土地使用权。）

（3）公共利益的范围。房屋征收必须基于"公共利益的需要"。《房屋征收条例》界定了公共利益的范围：

① 国防和外交的需要；

② 由政府组织实施的能源、交通、水利等基础设施建设的需要；

③ 由政府组织实施的科技、教育、文化、卫生、体育、环境和资源保护、防灾减灾、文物保护、社会福利、市政公用等公共事业的需要；

④ 由政府组织实施的保障性安居工程建设的需要；

⑤ 由政府依照《城乡规划法》有关规定组织实施的对危房集中、基础设施落后等地段进行旧城区改建的需要；

⑥ 法律、行政法规规定的其他公共利益的需要。

1.（单选题）房屋征收的限制性条件不包括（　　）。

A. 公共利益的需要

B. 被征收人的所有要求

C. 法定的权限和程序

D. 以被征收房地产的客观市场价值对被征收人的损失予以公平补偿

【答案】B

【解析】① 只能为了公共利益的需要；② 必须严格依照法定的权限和程序；③ 征收的主体只能是政府，并由政府按照被征收房地产的客观市场价值对被征收人的损失予以公平补偿。（提示：选项中涉及"所有""一切""全部"等选项都需要加倍注意，一般为优先排除的选项。）

【出处】《房地产交易制度政策》（第四版）P28

核心知识点 6：房地产权利的种类

我国目前的房地产权利主要有所有权、建设用地使用权、宅基地使用权、土地承包经营权、地役权、抵押权、居住权和租赁权。上述房地产权利中，所有权以外的权利，统称为他项权利；租赁权属于债权，其余属于物权。

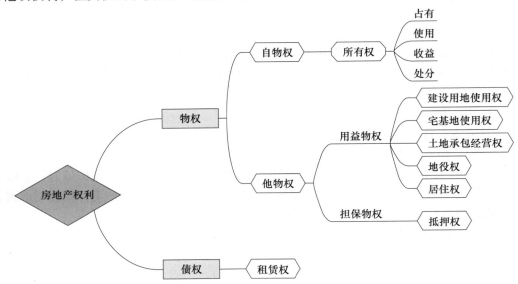

在物权中，所有权属于自物权，其余属于他物权。在他物权中，建设用地使用权、宅基地使用权、土地承包经营权、地役权、居住权属于用益物权，抵押权属于担保物权。

小知识点 1：房地产所有权

1. 房地产所有权：
（1）房地产所有权的概念和权能。
① 占有：对房地产的实际掌握和控制。所有权和占有既可结合又可分离。
② 使用：运用房地产并使其发挥价值。使用权和所有权既可结合又可分离。
③ 收益：是通过房地产的占有、使用等方式取得经济利益。收益也包括孳（zi）息，孳息分为天然孳息和法定孳息。
④ 处分：对房地产在事实上和法律上的最终处置，包括出租、出卖、赠与、抵押等。
（2）房地产所有权的特征：
① 完全性；
② 整体性；
③ 恒久性；
④ 弹力性；
⑤ 绝对性。
（3）房地产所有权的种类：单独所有、共有和建筑物区分所有权三种。

2. 房屋所有权的取得：
（1）原始取得：合法建造房屋；依法没收房屋；收归国有的无主房屋；合法添附的房屋（如翻建、加层）。
（2）继受取得：
① 因法律行为：买卖（包括拍卖）、赠与、交换；
② 因法律事件：继承、遗赠。
3. 房屋所有权的消灭：
引起房屋所有权消灭的法律事实有如下几种：房屋所有权主体的消灭；房屋所有权客体的消灭；房产转让、受赠等引起原房屋所有权人对该房屋所有权权利的消灭；因国家行政命令或法院判决、仲裁裁决而丧失；房屋所有权人放弃所有权。

小知识点 2：房地产他项权利
（1）建设用地使用权：指建设用地使用权人依法对国家所有的土地享有占有、使用和收益的权利，有权利用该土地建造建筑物、构筑物及其附属设施。
（2）宅基地使用权：是指经依法审批由农村集体经济组织分配给其成员用于建造住宅的没有使用期限限制的集体土地使用权。已经登记的宅基地使用权转让或者消灭的，应当及时办理变更登记或者注销登记。
（3）土地承包经营权：耕地承包期 30 年；草地承包期 30~50 年；林地承包期 30~70 年。承包期限届满，由土地承包经营权人依照农村土地承包的法律规定继续承包。
（4）地役权：指房地产所有权人或土地使用权人按照合同约定，利用他人的房地产，以提高自己的房地产效益的权利。
（5）抵押权：是指债务人或者第三人不移转房地产的占有，将该房地产作为履行债务的担保，债务人不履行到期债务或者发生当事人约定的实现抵押权的情形时，债权人有权依照法律的规定以该房地产折价或者以拍卖、变卖该房地产所得的价款优先受偿。
（6）租赁权：是指以支付租金的方式从房屋所有权人或土地权利人那里取得的占有和使用房地产的权利。租赁权又称使用收益权，即承租人依据租赁合同，在租赁房地产交付后对租赁房地产享有的以使用收益为目的的必要的占有的权利。
（7）居住权：居住权是《民法典》中新规定的一种用益物权，是指居住权人为了满足生活居住的需要，有权按照合同约定或者遗嘱规定，对他人所有的住宅的全部或者部分及其附属设施享有占有、使用的权利。居住权合同一般包括以下内容：当事人的姓名或者名称和住所，住宅的位置，居住的条件和要求，居住权的期限，解决争议的方法等。

1.（单选题）下列权利中，属于债权的是（　　）。
　　A. 地役权　　　　　　　　B. 抵押权
　　C. 租赁权　　　　　　　　D. 所有权
【答案】C
【解析】我国目前的房地产权利主要有所有权、建设用地使用权、宅基地使用权、土地承包经营权、地役权、抵押权和租赁权。上述房地产权利中，所有权以外的权利，统称为他项权利；租赁权属于债权，其余属于物权。

【出处】《房地产交易制度政策》（第四版）P36

2．（单选题）对房地产的实际掌握和控制是房地产所有权中的（　　）。

　　A．占有　　　　　　　　　　B．使用
　　C．收益　　　　　　　　　　D．处分

【答案】A

【解析】占有是对房地产的实际控制和掌握。

【出处】《房地产交易制度政策》（第四版）P37

3．（单选题）张某的父亲去世后，张某作为唯一继承人继承了一套房产，这种取得房地产的情形属于（　　）。

　　A．原始取得　　　　　　　　B．合法添附
　　C．因法律行为继受取得　　　D．因法律事件继受取得

【答案】D

【解析】继承属于因法律事件继受取得。因法律行为继受取得的方式包括：房屋买卖、房屋赠与、房屋交换等；B选项合法添附属于房屋所有权的原始取得。

【出处】《房地产交易制度政策》（第四版）P39

【真题实测】

一、单选题（每题的备选答案中只有1个最符合题意）

1．国有建设用地使用权出让金的实质是（　　）。

　　A．一定年期国有建设用地的出让价格
　　B．向受让人收取的包括已投入部分的全部价款
　　C．受让人在使用期末支付的使用期间的地租
　　D．向受让人收取的土地开发费用

2．征收国有土地上房屋的前提条件是（　　）。

　　A．收回国有土地所有权　　　B．开发建设企业的需要
　　C．公共利益的需要　　　　　D．收回国有土地使用权

3．国有建设用地不包括（　　）。

　　A．宅基地　　　　　　　　　B．国有农用地
　　C．军事设施用地　　　　　　D．经过乡村的铁路用地

4．房屋所有权人去世，其子女依法取得遗留房屋所有权属于（　　）取得。

　　A．法律事实继受　　　　　　B．法律行为继受
　　C．房产转让　　　　　　　　D．合法添附

二、多选题（每题的备选答案中有2个或2个以上符合题意）

5．下列土地中，属于集体所有的是（　　）。

　　A．宅基地　　　　　　　　　B．自留地
　　C．自留山　　　　　　　　　D．城市市区土地
　　E．国家依法征收的土地

6. 业主的建筑物区分所有权包括（　　）。
   A. 单独抵押共有部分的权利　　B. 单独出售共有部分的权利
   C. 共有部分的管理权　　　　　D. 专有部分的所有权
   E. 共有部分的共有权
7. 房地产他项权利包括（　　）。
   A. 建筑物区分所有权　　　　　B. 共有权
   C. 地役权　　　　　　　　　　D. 抵押权
   E. 建设用地使用权

【真题实测答案及解析】

1.【答案】A
【解析】国有建设用地使用权出让金，又称土地使用权出让金，是指通过有偿有期限出让方式取得国有建设用地使用权的受让人按照出让合同规定的期限，一次或分次向出让人提前支付的整个使用期间的地租，其实质是一定年期国有建设用地的出让价格。
【出处】《房地产交易制度政策》（第四版）P20

2.【答案】C
【解析】"公共利益"是国家征收国有土地上单位、个人房屋的前提条件。
【出处】《房地产交易制度政策》（第四版）P28

3.【答案】A
【解析】宅基地属于集体所有。
【出处】《房地产交易制度政策》（第四版）P15

4.【答案】A
【解析】子女依法取得房屋所有权人去世后遗留的房产属于因法律事件继受取得房屋所有权，指因被继承人死亡的法律事件，继承人或受遗赠人依法取得房屋所有权。
【出处】《房地产交易制度政策》（第四版）P39

5.【答案】ABC
【解析】农村和城市郊区的土地，除由法律规定属于国家所有的以外，属于集体所有；宅基地和自留地、自留山，也属于集体所有。
【出处】《房地产交易制度政策》（第四版）P15

6.【答案】CDE
【解析】业主的建筑物区分所有权，包括了以下三个方面的基本内容：一是对专有部分的所有权。二是对建筑物专有部分以外的共有部分享有权利，承担义务。三是对共有部分享有共同管理的权利。
【出处】《房地产交易制度政策》（第四版）P26

7.【答案】CDE
【解析】房地产他项权利有：①建设用地使用权；②宅基地使用权；③土地承包经营权；④地役权；⑤抵押权；⑥租赁权；⑦居住权。
【出处】《房地产交易制度政策》（第四版）P40～P43

【章节小测】

一、单选题（每题的备选答案中只有 1 个最符合题意）

1. 下列土地管理基本制度中，属于我国基本国策的是（   ）。
   A．土地登记制度　　　　　　　　B．国有土地有偿有限期使用制度
   C．不能随意改变农用地的用途　　D．珍惜、合理利用土地和切实保护耕地

2. 出让人发布公告，由竞买人在指定时间、地点进行公开竞价，根据出价结果确定国有建设用地使用权人的出让方式是（   ）。
   A．招标　　　　　　　　　　　　B．拍卖
   C．挂牌　　　　　　　　　　　　D．协议

3. 住宅建设用地使用权期限届满时，将（   ）。
   A．申请续期予以批准　　　　　　B．由国家无偿收回
   C．自动续期　　　　　　　　　　D．迟于届满前一年申请

4. 现有国有企业使用的划拨建设用地使用权需要改制时适用的使用权设立方式是（   ）。
   A．划拨　　　　　　　　　　　　B．出让
   C．租赁　　　　　　　　　　　　D．授权经营

5. 以一定年期的建设用地使用权作为出资投入企业，该建设用地使用权由新设企业持有的行为是建设用地使用权的（   ）。
   A．出售　　　　　　　　　　　　B．互换
   C．出资　　　　　　　　　　　　D．赠与

6. 下列关于国有建设用地使用权流转的有关规定的说法，错误的是（   ）。
   A．国有建设用地使用权流转的，应签订书面合同
   B．流转后的建设用地使用权由当事人约定，但不得超过建设用地使用权的剩余期限
   C．国有建设用地使用权流转的，应当向登记机构申请变更登记
   D．国有建设用地使用权流转的，附着于该土地上的建筑物、构筑物单独处分

7. 业主的建筑物区分所有权的内容不包括（   ）。
   A．对专有部分所有权
   B．对共有部分享有共同管理的权利
   C．对租赁的房屋享有长期使用租赁权
   D．对建筑区划内的共有部分享有共有权

8. 房屋征收的前提条件是（   ）。
   A．公共利益　　　　　　　　　　B．商业利益
   C．政府利益　　　　　　　　　　D．开发公司利益

二、多选题（每题的备选答案中有 2 个或 2 个以上符合题意）

9. 下列用地中，需采用招标、拍卖等公开竞价方式出让的土地有（   ）。
   A．工业用地　　　　　　　　　　B．旅游用地
   C．商业用地　　　　　　　　　　D．军事用地
   E．国家机关用地

10. 关于国有建设用地使用权出让最高年限的说法，正确的有（　　）。
    A. 工业厂房用地 50 年　　　　　B. 中学教学楼用地 40 年
    C. 多层住宅用地 70 年　　　　　D. 旅游度假村用地 40 年
    E. 百货商场用地 50 年

【章节小测答案及解析】

1.【答案】D
【解析】珍惜、合理利用土地和切实保护耕地是我国的基本国策。
【出处】《房地产交易制度政策》（第四版）P16

2.【答案】B
【解析】拍卖出让国有建设用地使用权是指出让人发布拍卖公告，由竞买人在指定时间、地点进行公开竞价，根据出价结果确定国有建设用地使用权人的行为。
【出处】《房地产交易制度政策》（第四版）P19

3.【答案】C
【解析】《民法典》第三百五十九条规定："住宅建设用地使用权期限届满的，自动续期。续期费用的缴纳或者减免，依照法律、行政法规的规定办理。非住宅建设用地使用权届满后的续期，依照法律规定办理"。
【出处】《房地产交易制度政策》（第四版）P22

4.【答案】D
【解析】国有建设用地使用权授权经营是指国家根据需要，以一定年期的国有建设用地使用权作价后授权给国务院批准设立的国家控股公司、作为国家授权投资机构的国有独资公司和集团经营管理。建设用地使用权人依法取得授权经营的建设用地使用权后，可以向其直属企业、控股企业、参股企业以作价出资（入股）或租赁等形式配置土地。这种方式主要在现有国有企业使用的划拨建设用地使用权需要改制时适用。
【出处】《房地产交易制度政策》（第四版）P21

5.【答案】C
【解析】国有建设用地使用权作价出资（入股）是指国家以一定年期的国有建设用地使用权作价，作为出资投入改组后的新设企业（股份有限公司或有限责任公司），该建设用地使用权由新设企业持有，相应的建设用地使用权转化为国家对企业出资的国家资本金或股本金的行为。
【出处】《房地产交易制度政策》（第四版）P21

6.【答案】D
【解析】国有建设用地使用权转让、互换、出资、赠与的，附着于该土地上的建筑物、构筑物及其附属设施一并处分。建筑物、构筑物及其附属设施转让、互换、出资、赠与的，该建筑物、构筑物及其附属设施占用范围内的建设用地使用权一并处分。
【出处】《房地产交易制度政策》（第四版）P22

7.【答案】C
【解析】业主的建筑物区分所有权包括对专有部分的所有权、对建筑物专有部分以外的共有部分享有权利，承担义务、对共有部分享有共同管理的权利。

【出处】《房地产交易制度政策》(第四版) P26

8. 【答案】A

【解析】公共利益是国家征收国有土地上单位、个人房屋的前提条件，是预防公共权力滥用的约束性规定。

【出处】《房地产交易制度政策》(第四版) P28

9. 【答案】ABC

【解析】《民法典》第三百四十七条第二款规定："工业、商业、旅游、娱乐和商品住宅等经营性用地以及同一土地有两个以上意向用地者的，应当采取招标、拍卖等公开竞价的方式出让。"

【出处】《房地产交易制度政策》(第四版) P19

10. 【答案】ACD

【解析】国有建设用地使用权出让的最高年限由国务院规定，按下列用途确定：居住用地 70 年；工业用地 50 年；教育、科技、文化、卫生、体育用地 50 年；商业、旅游、娱乐用地 40 年；综合或其他用地 50 年。

【出处】《房地产交易制度政策》(第四版) P20

第三章 房地产转让相关制度政策

【章节导引】

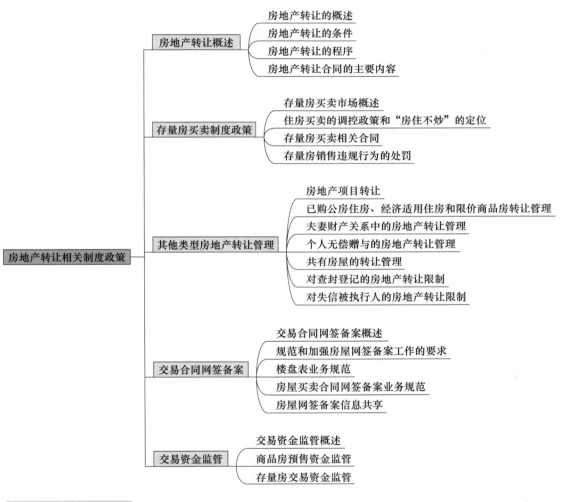

【章节核心知识点】

核心知识点 1：房地产转让

房地产转让，是指房地产权利人通过买卖、赠与或者其他合法方式将其房地产转移给他人的行为。房地产买卖是指房地产权利人将其合法拥有的房地产以一定价格转让给他人的行为。房地产赠与是指房地产权利人将其合法拥有的房地产无偿赠送给他人，不要求受赠人支付任何费用或为此承担任何义务的行为。

1．（多选题）下列情形中属于可以进行房地产转让的是（　　）。
   A．王某因破产，用其名下一套房产进行抵债
   B．2019年，张某提供土地使用权，李某提供资金，双方合作经营房地产开发
   C．张某的厂房因经营不善被A企业收购经营
   D．张某私自将与妻子共有的房产出售给李某
   E．张某欲将已确定被国家征收的土地转让给李某

【答案】ABC

【解析】《城市房地产转让管理规定》对此房地产转让概念中的其他合法方式作了进一步的细化，主要包括下列行为：

（1）以房地产作价入股、与他人成立企业法人或其他组织，房地产权属发生变更的；

（2）一方提供土地使用权，另一方或者多方提供资金，合资、合作开发经营房地产，而使房地产权属发生变更的；

（3）因企业被收购、兼并或合并，房地产权属随之转移的；

（4）以房地产抵债的；

（5）法律、法规规定的其他情形。

《城市房地产管理法》规定，房地产转让时，房屋所有权和该房屋所占用范围的土地使用权同时转让。

【出处】《房地产交易制度政策》（第四版）P45

核心知识点2：房地产转让的条件

《城市房地产管理法》及《城市房地产转让管理规定》都明确规定了房地产转让应当符合的条件：

（1）以出让方式取得土地使用权的房地产转让。以出让方式取得土地使用权的，转让房地产时，应当符合下列条件：① 按照出让合同约定已经支付全部土地使用权出让金，并取得土地使用权证书；② 按照出让合同约定进行投资开发，属于房屋建设工程的，完成开发投资总额的25%以上，属于成片开发土地的，形成工业用地或者其他建设用地条件。转让房地产时房屋已经建成的，还应当持有房屋所有权证书。

（2）以划拨方式取得土地使用权的房地产转让。以划拨方式取得土地使用权的，转让房地产时，应当按照国务院规定，报有批准权的人民政府审批。有批准权的人民政府准予转让的，应当由受让方办理土地使用权出让手续，并依照国家有关规定缴纳土地使用权出让金。

1．（单选题）下列房地产中可以进行转让的是（　　）。
   A．国家收回土地使用权的
   B．完成开发投资总额30%的房屋建设工程
   C．权属有争议的

D. 未经共有人书面同意的

【答案】B

【解析】以出让方式取得土地使用权用于投资开发的，按照土地使用权出让合同约定进行投资开发，属于房屋建设工程的，应完成开发投资总额的25%以上，故B正确。ACD选项属于《城市房地产转让管理规定》中明确的房地产不可以转让的行为。

【出处】《房地产交易制度政策》（第四版）P46

核心知识点3：存量房买卖制度政策

小知识点1：存量房买卖市场的概念和性质

房地产买卖市场是指所买卖的商品是房地产或房地产权益的市场，其特点有：

（1）房地产商品具有独一无二、不可移动、价值量大等特性，从而决定了存量房买卖市场不同于普通商品市场；

（2）房地产买卖市场是典型的区域市场；

（3）因为房地产寿命长久、供给有限、保值增值，有很好的投资品属性，存量房市场也极容易出现投机。

1. （单选题）下列特性中，不属于房地产特性的是（   ）。
    A. 独一无二
    B. 区域性
    C. 保值增值
    D. 竞争性

【答案】D

【解析】房地产商品具有的独一无二、不可移动、价值量大等特性。房地产买卖市场是典型的区域市场。房地产寿命长久、供给有限、保值增值，具有很好的投资品属性。

【出处】《房地产交易制度政策》（第四版）P49

小知识点2：存量房买卖相关合同

1. 存量房买卖合同

为维护房地产市场秩序，规范存量房（二手房）买卖和房地产经纪服务行为，明确存量房屋买卖各方当事人的权利和义务，保障合同当事人的合法权益，提高房地产经纪服务机构及从业人员服务质量，营造公平竞争、诚实信用、规范运作的市场环境，各地住房城乡建设管理部门和市场监督管理部门联合制定了适用于本行政区域内的存量房屋买卖合同示范文本。

1. （多选题）存量房买卖合同的作用有（   ）。
    A. 维护房地产市场秩序
    B. 规范房地产经纪服务行为
    C. 保障合同当事人的合法权益
    D. 营造公平的市场环境
    E. 控制房地产过度投机

【答案】ABCD

【解析】为维护房地产市场秩序，规范存量房（二手房）买卖和房地产经纪服务行为，明确存量房屋买卖各方当事人的权利和义务，保障合同当事人的合法权益，提高房地产经纪服务机构及从业人员的服务质量，营造公平竞争、诚实信用、规范运作的市场环境，各地住房城乡建设主管部门和市场监督管理部门联合制定了适用于本行政区域内的存量房屋买卖合同示范文本。

【出处】《房地产交易制度政策》（第四版）P51

2. 房地产经纪服务合同（房屋出售／房屋购买）

在《民法典》中不再使用"居间合同"的提法，而是使用了"中介合同"的概念，中介合同是指中介人向委托人报告订立合同的机会或者提供订立合同的媒介服务，委托人支付报酬的合同。房地产经纪服务合同是一种典型的中介合同。为了保护房地产交易当事人合法权益，规范房地产经纪服务行为，维护房地产市场秩序，中国房地产估价师与房地产经纪人学会制定了《房地产经纪服务合同推荐文本》，供房地产经纪机构与房地产交易委托人签订经纪服务合同参考使用。

（1）签订《房地产经纪服务合同（房屋出售）》前，房地产经纪机构应向房屋出售委托人说明该合同内容，并书面告知以下事项：

① 应由房屋出售委托人协助的事宜、提供的资料；
② 委托出售房屋的市场参考价格；
③ 房屋买卖的一般程序及房屋出售可能存在的风险；
④ 房屋买卖涉及的税费；
⑤ 经纪服务内容和完成标准；
⑥ 经纪服务收费标准、支付方式；
⑦ 房屋出售委托人和房地产经纪机构认为需要告知的其他事项。

签订该合同前，房屋出售委托人应仔细阅读该合同条款，特别是其中有选择性、补充性、修改性的内容。

（2）签订《房地产经纪服务合同（房屋购买）》前，房地产经纪机构应向房屋购买委托人说明该合同内容，并书面告知以下事项：

① 应由房屋购买委托人协助的事宜、提供的资料；
② 房屋买卖的一般程序及房屋购买可能存在的风险；
③ 房屋买卖涉及的税费；
④ 经纪服务内容和完成标准；
⑤ 经纪服务收费标准、支付方式；
⑥ 房屋购买委托人和房地产经纪机构认为需要告知的其他事项。

1.（多选题）签订房屋购买经纪服务合同前，房地产经纪机构应向房屋购买委托人说明合同内容，需要书面告知委托人的事项有（　　）。

A. 应由房屋购买委托人协助的事宜、提供的资料
B. 委托购买房屋的市场参考价格
C. 房屋买卖涉及的税费
D. 经纪服务内容和完成标准

E. 经纪服务标准、支付方式

【答案】ACDE

【解析】掌握签订合同前，房地产经纪机构应向房屋购买委托人说明的合同内容，B项错误。

【出处】《房地产交易制度政策》（第四版）P53

核心知识点 4：存量房销售违规行为的处罚

《房地产经纪管理办法》第三十三条规定，有下列行为之一的，由县级以上地方人民政府建设（房地产）主管部门责令限期改正，记入信用档案；对房地产经纪人员处以 1 万元罚款；对房地产经纪机构处以 1 万元以上 3 万元以下罚款：

（1）房地产经纪人员以个人名义承接房地产经纪业务和收取费用的；

（2）房地产经纪机构提供代办贷款、代办房地产登记等其他服务，未向委托人说明服务内容、收费标准等情况，并未经委托人同意的；

（3）房地产经纪服务合同未由从事该业务的一名房地产经纪人或者两名房地产经纪人协理签名的；

（4）房地产经纪机构签订房地产经纪服务合同前，不向交易当事人说明和书面告知规定事项的；

（5）房地产经纪机构未按照规定如实记录业务情况或者保存房地产经纪服务合同的。

1.（多选题）违反存量房销售相关规定的行为有（　　）。

　　A. 房地产经纪人员以个人名义承接房地产经纪业务

　　B. 未经委托人同意提供代办贷款服务并收费

　　C. 房地产经纪服务合同由两名房地产经纪人协理签名

　　D. 签订合同前未向交易当事人说明和书面告知规定事项

　　E. 未按照规定保存房地产经纪服务合同

【答案】ABDE

【解析】应受到处罚的行为包括房地产经纪服务合同未由从事该业务的一名房地产经纪人或者两名房地产经纪人协理签名的。

【出处】《房地产交易制度政策》（第四版）P54

核心知识点 5：出让方式取得国有建设用地使用权的房地产项目转让管理

《城市房地产管理法》第三十九条规定了以出让方式取得的土地使用权，转让房地产开发项目时的条件：

（1）按照出让合同约定已经支付全部土地使用权出让金，并取得土地使用权证书。

（2）按照出让合同约定进行投资开发，完成一定开发规模后才允许转让。这里又分为两种情形：一是属于房屋建设工程的，开发单位除土地使用权出让金外，实际投入房屋建设工程的资金额应占全部开发投资总额的 25% 以上；二是属于成片开发土地的，应形成工业或其他建设用地条件，方可转让。这样规定，其目的在于严格限制炒买炒卖地皮，牟取暴利，以保证开发建设的顺利实施。

1.（单选题）转让房地产开发项目的当事人应自（　　）起30日内，持转让合同到房地产开发主管部门备案。
　　A. 转让合同签订之日
　　B. 转让合同公证之日
　　C. 房屋所有权转移登记办理完毕之日
　　D. 土地使用权变更登记手续办理完毕之日
【答案】D
【解析】转让房地产开发项目，转让人和受让人应当自土地使用权变更登记手续办理完毕之日起30日内，持房地产开发项目转让合同到房地产开发主管部门备案。
【出处】《房地产交易制度政策》（第四版）P56

核心知识点6：划拨方式取得国有建设用地使用权的房地产项目转让管理

《城市房地产管理法》对划拨土地使用权的转让管理规定了两种不同的处理方式：一种是需办理出让手续的，变划拨土地使用权为出让土地使用权，由受让方缴纳土地出让金；另一种是不改变原有土地的划拨性质的，由转让方上缴土地收益或做其他处理。

《城市房地产转让管理规定》规定以下几种情况经有批准权的人民政府批准可以不办理出让手续：

（1）经城市规划行政主管部门批准，转让的土地用于建设《城市房地产管理法》第二十四条规定的项目：①国家机关用地和军事用地；②城市基础设施用地和公益事业用地；③国家重点扶持的能源、交通、水利等项目用地；④法律、行政法规规定的其他用地。
（2）私有住宅转让后仍用于居住的。
（3）按照国务院住房制度改革有关规定出售公有住宅的。
（4）同一宗土地上部分房屋转让而土地使用权不可分割转让的。
（5）转让的房地产暂时难以确定土地使用权出让年限、土地用途和其他条件的。
（6）根据城市规划土地使用权不宜出让的。
（7）县级以上人民政府规定暂时无法或不需要采取土地使用权出让方式的其他情形。

1.（单选题）根据《城市房地产管理法》，划拨土地使用权转让也可以不办理土地出让手续，但（　　）应当将所获得的收益中的土地收益上缴国家。
　　A. 受让人　　　　　　　　B. 出让人
　　C. 土地所有权人　　　　　D. 转让方
【答案】D
【解析】《城市房地产管理法》做了明确规定，对划拨土地使用权的转让管理规定了两种不同的处理方式：一种是需办理出让手续，变划拨土地使用权为出让土地使用权，由受让方缴纳土地出让金；另一种是不改变原有土地的划拨性质，由转让方上缴土地收益或做其他处理。

【出处】《房地产交易制度政策》（第四版）P57

核心知识点 7：夫妻财产关系中的房地产转让管理

（1）夫妻共同财产。《民法典》第一千零六十二条对夫妻共同财产做出了规定："夫妻在婚姻关系存续期间所得的下列财产，为夫妻的共同财产，归夫妻共同所有：① 工资、奖金、劳务报酬；② 生产、经营、投资的收益；③ 知识产权的收益；④ 继承或者受赠的财产，但是本法第一千零六十三条第三项规定的除外；⑤ 其他应当归共同所有的财产。夫妻对共同财产，有平等的处理权。"

夫妻双方在婚姻关系存续期间所得的房地产，夫妻有平等的处理权。夫妻在处分共同共有的房地产时，应当平等协商，取得一致意见，任何一方不得违背他方的意志，擅自处理。特别是对共同共有的房地产作较大的变动时，如出卖、赠与等，更应征得他方的同意，否则就侵犯了另一方对共有财产的所有权。

婚姻关系存续期间，有下列情形之一的，夫妻一方可以向人民法院请求分割共同财产：① 一方有隐藏、转移、变卖、毁损、挥霍夫妻共同财产或者伪造夫妻共同债务等严重损害夫妻共同财产利益的行为；② 一方负有法定扶养义务的人患重大疾病需要医治，另一方不同意支付相关医疗费用。

（2）夫妻个人财产。《民法典》第一千零六十三条对夫妻个人财产做出了规定："下列财产为夫妻一方的个人财产：① 一方的婚前财产；② 一方因受到人身损害获得的赔偿或者补偿；③ 遗嘱或者赠与合同中确定只归一方的财产；④ 一方专用的生活用品；⑤ 其他应当归一方的财产。"

（3）夫妻共同债务。《民法典》在婚姻家庭编中规定了以下三类比较重要的夫妻共同债务，属于夫妻共同债务的，方可用夫妻共有的房产予以清偿：

① 基于共同意思表示所负的夫妻共同债务。
② 为家庭日常生活需要所负的夫妻共同债务。
③ 债权人能够证明的夫妻共同债务。

1.（单选题）夫妻一方婚前签订房屋买卖合同，以个人财产支付首付款并办理银行贷款，婚后用夫妻共同财产偿还贷款，房地产权登记在支付方名下的，离婚时协商不成的，人民法院可判决该房屋属（　　）所有。

  A. 双方共同　　　　　　　　B. 双方子女
  C. 非权属登记方　　　　　　D. 权属登记方

【答案】D

【解析】夫妻一方婚前签订不动产买卖合同，以个人财产支付首付款并在银行贷款，婚后用夫妻共同财产还贷，不动产登记于首付款支付方名下的，离婚时该不动产由双方协议处理。依上述规定不能达成协议的，人民法院可以判决该不动产归登记一方，尚未归还的贷款为不动产登记一方的个人债务。双方婚后共同还贷支付的款项及其相对应财产增值部分，离婚时应根据《民法典》第一千零八十七条第一款规定的原则，由不动产登记一方对另一方进行补偿。

【出处】《房地产交易制度政策》（第四版）P65

核心知识点 8：共有房屋的转让管理

房屋共有是指两个或两个以上的组织、个人对同一房屋享有所有权。"共有"分为"按份共有"和"共同共有"。按份共有的各所有权人按照所有权份额享有对房屋的权利和承担义务。共同共有的所有权人对于房屋享有平等的所有权。

按份共有的房屋和共同共有的房屋在买卖时又有所不同：

（1）按份共有房屋的份额处分更为灵活；

（2）共同共有房屋的买卖条件较为严苛。除非另有约定，共同共有人处分共有房屋，须经全体共同共有人同意；而按份共有人处分共有房屋，应当经占份额三分之二以上的按份共有人同意。

1.（单选题）按份共有人处分共有房屋，需要经（　　）按份共有人同意。
A. 全体　　　　　　　　　　　B. 人数的 2/3 以上
C. 占份额 2/3 以上　　　　　　D. 占份额最多的

【答案】C

【解析】按份共有人处分共有房屋，须经占份额 2/3 以上的按份共有人同意。

【出处】《房地产交易制度政策》（第四版）P67

核心知识点 9：交易资金监管

（1）商品房预售资金监管。商品房预售资金应全部纳入监管，由住房城乡建设管理部门会同银行对商品房预售资金实施第三方监管，房产开发企业须将预售资金存入银行专用监管账户，只能用作本项目建设，不得随意支取、使用。

（2）存量房交易资金监管。交易保证机构不得从事经纪业务。客户交易结算资金专用存款账户中的交易结算资金，独立于房地产经纪机构和交易保证机构的固有财产及其管理的其他财产，也不属于房地产经纪机构和交易保证机构的负债，交易结算资金的所有权属于交易当事人。交易结算资金的存储和划转均应通过交易结算资金专用存款账户进行，房地产经纪机构、交易保证机构和房地产经纪人员不得通过客户交易结算资金专用存款账户以外的其他银行结算账户代收代付交易资金。存量房买方应将资金存入或转入客户交易结算资金专用存款账户下的子账户，交易完成后，通过转账的方式划入存量房卖方的个人银行结算账户。当交易未达成时，通过转账的方式划入存量房买方的原转入账户；以现金存入的，转入存量房买方的个人银行结算账户。客户交易结算资金专用存款账户不得支取现金。

《房地产经纪管理办法》要求房地产经纪机构及其分支机构应当在其经营场所醒目位置公示交易资金监管方式，并规定房地产交易当事人约定由房地产经纪机构代收代付交易资金的，应当通过房地产经纪机构在银行开设的客户交易结算资金专用存款账户划转交易资金，交易资金的划转应当经过房地产交易资金支付方和房地产经纪机构的签字和盖章。

1. （单选题）商品房预售所得款应当接受资金监管，将被用于（　　）。
   A. 楼盘宣发　　　　　　　B. 楼盘出售
   C. 项目开发　　　　　　　D. 工程建设

【答案】D

【解析】预售所得款项应当存入监管账户，接受资金监管，只能用于本项目工程建设。

【出处】《房地产交易制度政策》（第四版）P80

2. （单选题）商品房预售资金监管的有效方式不包括（　　）。
   A. 设立预售款专项账户
   B. 开发企业与商业银行双方签订《商品房预售款监管协议》
   C. 预售所得款存入监管账户
   D. 资金专款专用

【答案】B

【解析】实践中，各地积极探索对商品房预售资金监管的有效方式，如设立商品房预售款专项账户，由房地产开发企业、商业银行和住房城乡建设管理部门三方签订统一格式的商品房预售款监管协议，明确三方的权利、义务，并在电视台和公众信息网上公告，供社会公众查询。

【出处】《房地产交易制度政策》（第四版）P81

【真题实测】

一、单选题（每题的备选答案中只有1个最符合题意）

1. 签订《房地产经纪服务合同（房屋出售）》前，出售共有房屋的委托人应向房地产经纪机构提供（　　）。
   A. 委托人的收入证明　　　B. 委托人的学历证明
   C. 共有权人同意出售的书面证明　　D. 委托人的婚姻证明

2. 经济适用住房满5年，购买人因特殊原因确需转让该房屋的，可以优先购买的主体是（　　）。
   A. 政府　　　　　　　　　B. 家庭成员
   C. 近亲属　　　　　　　　D. 共同居住人

3. 房地产转让合同签订后90日内，当事人应向房地产所在地的（　　）管理部门申报成交价格。
   A. 工商　　　　　　　　　B. 规划
   C. 物价　　　　　　　　　D. 房地产

4. 关于存量房买卖合同网签的说法，正确的是（　　）。
   A. 有利于房地产经纪机构对存量房交易进行监管

B. 可以有效避免"一房二卖"
C. 买卖合同应由房地产经纪人员独立在线填写完成
D. 可以有效避免房价上涨

二、多选题（每题的备选答案中有2个或2个以上符合题意）

5. 房地产转让的行为包括（　　）。
   A. 以房抵债　　　　　　　　　B. 抵押房地产
   C. 以房作价入股　　　　　　　D. 房地产赠与
   E. 出租房屋

6. 转让划拨土地上的房屋时，可以不办理出让手续的情形有（　　）。
   A. 转让后难以确定土地用途的　　B. 房改出售公有住宅的
   C. 私有办公用房转让后用于居住的　D. 转让后用于公益事业的
   E. 私有住房转让后用于办公的

7. 关于存量房交易资金监管的说法，正确的有（　　）。
   A. 交易当事人可以约定交易结算资金的划转条件
   B. 客户交易结算资金独立于交易保证机构
   C. 客户交易结算资金专用存款账户可以支取现金
   D. 房地产经纪机构可以作为交易保证机构
   E. 客户交易结算资金专用存款账户中的交易结算资金归交易当事人所有

【真题实测答案及解析】

1. 【答案】C
【解析】房屋属于共有的，房屋出售委托人或代理人应提供房屋共有权人同意出售房屋的书面证明。
【出处】《房地产交易制度政策》（第四版）P52

2. 【答案】A
【解析】购买经济适用住房满5年，购房人上市转让经济适用住房的，应按照届时同地段普通商品住房与经济适用住房差价的一定比例向政府交纳土地收益等相关价款，政府可优先回购。
【出处】《房地产交易制度政策》（第四版）P60

3. 【答案】D
【解析】房地产转让当事人在房地产转让合同签订后90日内持房地产权属证书、当事人的合法证明、转让合同等有关文件向房地产所在地的房地产管理部门提出申请并申报价格。
【出处】《房地产交易制度政策》（第四版）P48

4. 【答案】B
【解析】合同网签备案是为了让房地产交易更加透明化，买卖双方都可以在网上的交易系统中查询到自己的交易情况，第三方也可以了解该房是否正在交易、出售，从而可以有效避免一房多卖。
【出处】《房地产交易制度政策》（第四版）P72

5. 【答案】ACD

【解析】房地产转让，是指房地产权利人通过买卖、赠与或者其他合法方式将其房地产转移给他人的行为。《城市房地产转让管理规定》对此房地产转让概念中的其他合法方式做了进一步的细化，主要包括下列行为：① 以房地产作价入股、与他人成立企业法人或其他组织，房地产权属发生变更的；② 一方提供土地使用权，另一方或者多方提供资金，合资、合作开发经营房地产，而使房地产权属发生变更的；③ 因企业被收购、兼并或合并，房地产权属随之转移的；④ 以房地产抵债的；⑤ 法律、法规规定的其他情形。

【出处】《房地产交易制度政策》（第四版）P45

6. 【答案】ABD

【解析】以划拨方式取得土地使用权的房地产，转让时应按国务院的规定报有批准权的人民政府审批。《城市房地产转让管理规定》规定以下几种情况经有批准权的人民政府批准可以不办理出让手续：

（1）经城市规划行政主管部门批准，转让的土地用于建设《城市房地产管理法》第二十四条规定的项目：① 国家机关用地和军事用地；② 城市基础设施用地和公益事业用地；③ 国家重点扶持的能源、交通、水利等项目用地；④ 法律、行政法规规定的其他用地。

（2）私有住宅转让后仍用于居住的。

（3）按照国务院住房制度改革有关规定出售公有住宅的。

（4）同一宗土地上部分房屋转让而土地使用权不可分割转让的。

（5）转让的房地产暂时难以确定土地使用权出让年限、土地用途和其他条件的。

（6）根据城市规划土地使用权不宜出让的。

（7）县级以上人民政府规定暂时无法或不需要采取土地使用权出让方式的其他情形。

【出处】《房地产交易制度政策》（第四版）P57

7. 【答案】ABE

【解析】交易当事人可以通过合同约定，由双方自行决定交易资金支付方式，故 A 正确。客户交易结算资金专用存款账户中的交易结算资金，独立于房地产经纪机构和交易保证机构的固有财产及其管理的其他财产，故 B 正确。客户交易结算资金专用存款账户不得支取现金，故 C 错误。交易保证机构不得从事经纪业务，故 D 错误。交易结算资金的所有权属于交易当事人，故 E 正确。

【出处】《房地产交易制度政策》（第四版）P81

【章节小测】

一、单选题（每题的备选答案中只有 1 个最符合题意）

1. 房地产转让当事人向房地产管理部门提出申请，并申报成交价格后，下一个步骤是（　　）。

　　A. 当事人签订书面转让合同
　　B. 房地产管理部门审查有关文件，并在 7 日内做出是否受理申请的书面答复
　　C. 房地产管理部门核实申报的成交价格，现场查勘房地产

D. 当事人缴纳有关税费

2. 制定《房地产经纪服务合同推荐文本》的单位是（　　）。
   A. 中国房地产估价师与房地产经纪人学会
   B. 住房和城乡建设部
   C. 地方房地产管理部门
   D. 房地产经纪机构

3. 房地产经纪机构违反规定，擅自对外发布房源信息的，由主管部门限期责令改正，记入信用档案，取消其网上签约资格，并处以1万元以上（　　）万元以下罚款。
   A. 2　　　　　　　　　　　　　　B. 4
   C. 3　　　　　　　　　　　　　　D. 5

4. 购买经济适用住房不满（　　）年的，不得直接上市交易。
   A. 1　　　　　　　　　　　　　　B. 2
   C. 3　　　　　　　　　　　　　　D. 5

5. 某工业园区项目于2010年以挂牌交易方式取得土地使用权，在2015年转让，受让人的使用年限为（　　）年。
   A. 50　　　　　　　　　　　　　 B. 45
   C. 40　　　　　　　　　　　　　 D. 35

6. 下列行为中，属于无偿转让的是房地产（　　）。
   A. 继承　　　　　　　　　　　　 B. 买卖
   C. 抵债　　　　　　　　　　　　 D. 作价入股

7. 在存量房交易资金监管中，存入客户交易结算资金专用存款账户中的交易结算资金的所有权属于（　　）。
   A. 房地产经纪机构　　　　　　　 B. 房地产经纪人员
   C. 交易保证机构　　　　　　　　 D. 交易当事人

8. 房地产转让的特征是（　　）。
   A. 不转移占有　　　　　　　　　 B. 双务行为
   C. 有偿　　　　　　　　　　　　 D. 房地产权属发生转移

二、多选题（每题的备选答案中有2个或2个以上符合题意）

9. 签订房屋出售经纪服务合同前，房地产经纪机构应向房屋出售委托人说明合同内容，需要书面告知委托人的事项有（　　）。
   A. 应由房屋购买委托人协助的事宜、提供的资料
   B. 房屋买卖涉及的税费
   C. 经纪服务内容和完成标准
   D. 经纪服务收费标准、支付方式
   E. 委托出售房屋的市场参考价格

10. 可根据《关于对失信被执行人实施联合惩戒的合作备忘录的通知》，限制被执行人转让其房地产的情形有（　　）。
    A. 违反限制消费令的
    B. 违反财产报告制度的

C. 以转移财产方法规避执行的
D. 因没有履行能力而不能履行法律义务的
E. 无正当理由拒不履行执行和解协议的

【章节小测答案及解析】

1. 【答案】B

【解析】房地产转让应当按照一定的程序，经住房城乡建设管理部门办理有关手续后，方可交易过户。《城市房地产转让管理规定》对房地产转让的程序做了如下规定：

（1）房地产转让当事人签订书面转让合同；

（2）房地产转让当事人在房地产转让合同签订后90日内持房地产权属证书、当事人的合法证明、转让合同等有关文件向房地产所在地的房地产管理部门提出申请，并申报成交价格；

（3）房地产管理部门对提供的有关文件进行审查，并在7日内做出是否受理申请的书面答复，7日内未做书面答复的，视为同意受理；

（4）房地产管理部门核实申报的成交价格，并根据需要对转让的房地产进行现场查勘和评估；

（5）房地产转让当事人按照规定缴纳有关税费；

（6）房地产管理部门办理房屋权属登记手续，核发房地产权属证书。

【出处】《房地产交易制度政策》（第四版）P48

2. 【答案】A

【解析】中国房地产估价师与房地产经纪人学会制定了《房地产经纪服务合同推荐文本》。主要供房地产经纪机构与房地产交易委托人签订经纪服务合同参考使用。

【出处】《房地产交易制度政策》（第四版）P52

3. 【答案】C

【解析】房地产经纪机构违反规定，擅自对外发布房源信息的，由县级以上地方人民政府建设（房地产）主管部门限期责令改正，记入信用档案，取消网上签约资格，并处以1万元以上3万元以下罚款。

【出处】《房地产交易制度政策》（第四版）P55

4. 【答案】D

【解析】购买经济适用住房不满5年，不得直接上市交易，购房人因特殊原因确需转让经济适用住房的，由政府按照原价格并考虑折旧和物价水平等因素进行回购。

【出处】《房地产交易制度政策》（第四版）P60

5. 【答案】B

【解析】以房地产转让方式取得出让建设用地使用权的权利人，其实际使用年限不是出让合同约定的年限，而是出让合同约定的年限减去该宗建设用地使用权已使用年限后的剩余年限。其中，工业用地最高使用年限为50年。本题中该项目已使用5年，剩余45年。

【出处】《房地产交易制度政策》（第四版）P57

6. 【答案】A

【解析】房地产转让的特征是房地产权属发生转移。房地产转让可分为有偿和无偿两种方式，有偿转让主要包括房地产买卖、房地产抵债、房地产作价入股等行为，无偿转让主要包括房地产赠与、房地产划拨等行为。

【出处】《房地产交易制度政策》（第四版）P45~P46

7．【答案】D

【解析】交易结算资金的所有权属于交易当事人。

【出处】《房地产交易制度政策》（第四版）P81

8．【答案】D

【解析】房地产转让的特征是房地产权属发生转移。

【出处】《房地产交易制度政策》（第四版）P45

9．【答案】BCDE

【解析】签订合同前，房地产经纪机构应向房屋出售委托人说明合同内容，并书面告知应由房屋出售委托人协助的事宜、提供的资料。

【出处】《房地产交易制度政策》（第四版）P48

10．【答案】ABCE

【解析】被执行人未履行生效法律文书确定的义务，并具有下列情形之一的，人民法院应当将其纳入失信被执行人名单，依法对其进行信用惩戒：① 有履行能力而拒不履行生效法律文书确定义务的；② 以伪造证据、暴力、威胁等方法妨碍、抗拒执行的；③ 以虚假诉讼、虚假仲裁或者以隐匿、转移财产等方法规避执行的；④ 违反财产报告制度的；⑤ 违反限制消费令的；⑥ 无正当理由拒不履行执行和解协议的。

【出处】《房地产交易制度政策》（第四版）P69~P70

第四章 新建商品房销售相关制度政策

【章节导引】

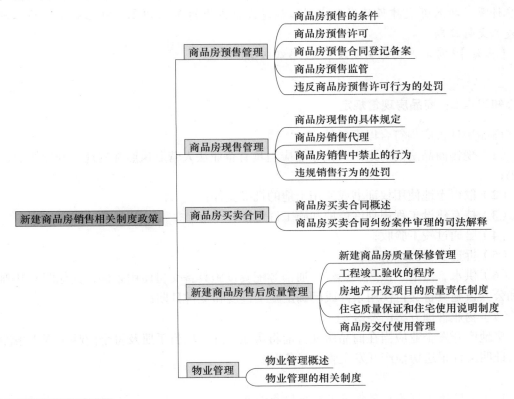

【章节核心知识点】

核心知识点1：商品房预售的条件

《城市房地产管理法》第四十五条和《城市房地产开发经营管理条例》第二十二条规定，商品房预售应当符合下列条件：

（1）已交付全部土地使用权出让金，取得土地使用权证书；
（2）持有建设工程规划许可证和施工许可证；
（3）按提供预售的商品房计算，投入开发建设的资金达到工程建设总投资的25%以上，并已经确定施工进度和竣工交付日期；
（4）向县级以上人民政府房地产管理部门办理预售登记，取得商品房预售许可证明。

1. （多选题）商品房预售应当符合的条件有（　　）。
   A. 商品房已通过竣工验收
   B. 取得商品房预售许可证
   C. 预售单位取得建设工程规划许可证
   D. 预售单位取得预售房屋的土地使用权证书
   E. 投入开发建设的资金达到工程建设总投资的50%以上

【答案】BCD

【解析】《城市房地产管理法》第四十五条规定，商品房预售应当符合按提供预售的商品房计算，投入开发建设的资金达到工程建设总投资的25%以上，并已经确定施工进度和竣工交付日期。

【出处】《房地产交易制度政策》（第四版）P84

核心知识点 2：商品房现售规定

商品房现售应当符合以下条件：
（1）现售商品房的房地产开发企业应当具有企业法人营业执照和房地产开发企业资质证书；
（2）取得土地使用权证书或使用土地的批准文件；
（3）持有建设工程规划许可证和施工许可证；
（4）已通过竣工验收；
（5）拆迁安置已经落实；
（6）供水、供电、供热、燃气、通信等配套设施具备交付使用条件，其他配套基础设施和公共设施具备交付使用条件或已确定施工进度和交付日期；
（7）物业管理方案已经落实。

房地产开发企业应当在商品房现售前将房地产开发项目手册及符合商品房现售条件的有关证明文件报送房地产开发主管部门备案。

1. （多选题）商品房现售应当符合的条件有（　　）。
   A. 商品房已通过竣工验收
   B. 拆迁安置已经落实
   C. 物业方案已经落实
   D. 已交付全部土地使用出让金
   E. 投入开发建设的资金达到工程建设总投资的25%以上

【答案】ABC

【解析】商品房现售应当符合以下条件：①现售商品房的房地产开发企业应当具有企业法人营业执照和房地产开发企业资质证书；②取得土地使用权证书或使用土地的批准文件；③持有建设工程规划许可证和建筑工程施工许可证；④已通过竣工验收；⑤拆迁安置已经落实；⑥供水、供电、供热、燃气、通信等配套设施具备交付使用条件，其他配套基础设施和公共设备具备交付使用条件或已确定施工进度和交付日期；⑦物业管理方案已经落实。DE 选项属于商品房预售应该符合的条件。

【出处】《房地产交易制度政策》（第四版）P88

核心知识点3：商品房销售中禁止的行为

《商品房销售管理办法》规定，商品房销售中禁止以下行为：

（1）房地产开发企业不得在未解除商品房买卖合同前，将作为合同标的物的商品房再行销售给他人；（违反则处以警告、限期改正，并处以2万~3万元的罚款）；

（2）房地产开发企业不得采取返本销售或者变相返本销售的方式销售商品房，不得采取售后包租或者变相售后包租的方式销售未竣工商品房，（违反则处以1~3万元的罚款）；

（3）房地产开发企业不得销售不符合商品房销售条件的商品房，不得向买受人收取任何预订款性质费用；（违反则处以警告、限期改正，并处以2万~3万元的罚款）；

（4）商品住宅按套销售，不得分割拆零销售。

对虚构买卖合同，囤积房源；发布不实价格和销售进度信息，恶意哄抬房价，诱骗消费者争购；不履行开工时间、竣工时间、销售价格和套型面积控制性项目建设要求的，当地住房城乡建设管理部门要将以上行为记入房地产企业信用档案，公开予以曝光。对一些情形严重、性质恶劣的，住房和城乡建设部会同有关部门要及时依法从严处罚，并向社会公布。

1.（单选题）根据《商品房销售管理办法》，房地产开发企业预售商品住房可以采取的方式是（　　）。

A. 按套销售　　　　　　　　B. 返本销售
C. 分割拆零销售　　　　　　D. 售后返本销售

【答案】A

【解析】根据《商品房销售管理办法》规定，房地产开发企业不得采取返本销售或者变相返本销售的方式销售商品房，不得采取售后包租或者变相售后包租的方式销售未竣工商品房；商品住宅按套销售，不得分割拆零销售。

【出处】《房地产交易制度政策》（第四版）P89

核心知识点4：商品房销售的计价方式

商品房销售价格由当事人协商议定。商品房销售可以按套（单元）计价，也可以按套内建筑面积计价或按建筑面积计价三种方式进行。但是，产权登记按建筑面积登记，按套、套内建筑面积计价并不影响用建筑面积进行产权登记。

商品房建筑面积由套内建筑面积和分摊的共有建筑面积组成，套内建筑面积部分为独立产权，分摊的共有建筑面积部分为共有产权，买受人按照法律、法规的规定对其享有权利，承担责任。按套（单元）计价或者按套内建筑面积计价的，商品房买卖合同中应当注明建筑面积和分摊的共有建筑面积。

按套（单元）计价的现售房屋，当事人对现售房屋实地勘察后可以在合同中直接约定总价款。按套（单元）计价的预售房屋，房地产开发企业应当在合同中附所售房屋的平面图。平面图应当标明详细尺寸，并约定误差范围。

1.（单选题）根据《商品房销售管理办法》，房地产开发企业预售商品住房可以采取的方式是（　　）。

　　A. 按套销售　　　　　　　　B. 返本销售
　　C. 分割拆零销售　　　　　　D. 售后返本销售

【答案】A

【解析】根据《商品房销售管理办法》规定，房地产开发企业不得采取返本销售或者变相返本销售的方式销售商品房，不得采取售后包租或者变相售后包租的方式销售未竣工商品房；商品住宅按套销售，不得分割拆零销售。

【出处】《房地产交易制度政策》（第四版）P89

核心知识点5：面积误差的处理方式

按套内建筑面积或者建筑面积计价的，当事人应当在合同中载明合同约定面积与产权登记面积发生误差的处理方式。合同未做约定的，规定了以下处理原则。

面积情况	误差值	处理原则
产权面积＞合同约定面积	误差面积＜3%	买受人补足差额
	误差面积＞3%	企业承担房款
产权面积＜合同约定面积	误差面积＜3%	企业把超出的金额返还买受人
	误差面积＞3%	企业双倍返还超出的金额给买受人

1.（单选题）张某从甲房地产开发企业（以下称甲企业）处购买了一套商品房，单价为10000元/m^2，合同约定面积为100m^2，合同中未约定面积误差的处理方式。交付房屋时，张某发现房屋实测面积为96m^2，如果张某选择不退房，则张某实际支付的房款为（　　）万元。

　　A. 94　　　　　　　　　　　B. 95
　　C. 96　　　　　　　　　　　D. 100

【答案】B

【解析】产权登记面积小于合同约定面积时，面积误差比绝对值在3%以内（含3%）部分的房价款由房地产开发企业返还买受人；绝对值超出3%部分的房价款由房地产开发企业双倍返还买受人。故张某实际支付的房款为100－3－2×1＝95（万元）。

【出处】《房地产交易制度政策》（第四版）P93

核心知识点 6：新建商品房售后质量管理

管理办法	新建商品房质量保修管理		住宅质量保证管理	
参照规定	《房屋建筑工程质量保修办法》		《住宅质量保证书》	
保修期限	防水工程、防渗漏	5 年	屋面防水	3 年
	供热供冷	2 个采暖/供冷期	供热供冷	1 个采暖/供冷期
	电气、给水排水	2 年	抹灰层脱落，地面空鼓开裂，大面积起砂，卫生洁具，管道渗漏	1 年
	装修工程	2 年	灯具、电器开关	6 个月
			管道堵塞	2 个月
核算时间	自工程竣工验收合格之日起计算		自商品住宅交付之日起计算	

1．（单选题）根据《房屋建筑工程质量保修办法》，最低保修期限为 5 年的是（　　）。
   A．有防水要求的卫生间　　　　B．电气系统
   C．给水排水管道　　　　　　　D．供热与供冷系统
【答案】A
【解析】根据《房屋建筑工程质量保修办法》屋面防水工程、有防水要求的卫生间、房间和外墙面防渗漏，为 5 年。
【出处】《房地产交易制度政策》（第四版）P98

2．（单选题）商品住宅的保修期自（　　）起计算。
   A．商品住宅交付之日　　　　　B．签订合同之日
   C．竣工验收之日　　　　　　　D．竣工验收合格之日
【答案】A
【解析】商品住宅的保修期自商品住宅交付之日起计算。
【出处】《房地产交易制度政策》（第四版）P102

核心知识点 7：物业管理的含义及作用

物业管理的内涵包括如下几点：① 物业管理的管理对象是物业；② 物业管理的服务对象是人，即物业所有人（业主）和物业使用人；③ 物业管理的属性是经营。物业管理通常被视为一种特殊的商品，物业管理所提供的是有偿的无形商品劳务与服务。

按照服务的性质和提供的方式，物业管理的基本内容可分为以下三类。

（1）常规性的公共服务。① 房屋建筑主体的管理及住宅装修的日常监督；② 房屋设备、设施的管理；③ 环境卫生的管理；④ 绿化管理；⑤ 配合公安和消防部门做好居住区内公共秩序维护和安全防范工作；⑥ 车辆道路管理；⑦ 公众代办性质的服务。

（2）针对性的专项服务。① 日常生活类；② 商业服务类；③ 文化、教育、卫生、体育类；④ 金融服务类；⑤ 经纪代理中介服务；⑥ 社会服务类。

1. （单选题）环境卫生管理属于物业管理中的（   ）。
   A. 针对性专项服务　　　　B. 常规性公共服务
   C. 委托性特约服务　　　　D. 日常性公共服务

【答案】B
【解析】常规性公共服务包括：①房屋建筑主体的管理及住宅装修的日常监督；②房屋设备、设施的管理；③环境卫生的管理；④绿化管理；⑤配合公安和消防部门做好住宅区内公共秩序维护和安全防范工作；⑥车辆道路管理；⑦公众代办性质的服务。
【出处】《房地产交易制度政策》（第四版）P104

核心知识点 8：住宅专项维修资金制度

住宅专项维修资金，是指专项用于住宅共用部位、共用设施设备保修期满后的维修和更新、改造的资金。

业主交存的住宅专项维修资金属于业主所有。从公有住房售房款中提取的住宅专项维修资金属于公有住房售房单位所有。

住宅专项维修资金的存储利息、利用住宅专项维修资金购买国债的增值收益，住宅共用设施设备报废后回收的残值，利用住宅共用部位、共用设施设备进行经营的业主所得收益除业主大会另有决定外，都应当转入住宅专项维修资金滚存使用。

住宅专项维修资金划转后的账目管理单位，由业主大会决定。业主大会应当建立住宅专项维修资金管理制度。业主分户账面住宅专项维修资金余额不足首期交存额 30%的，应当及时续交。成立业主大会的，续交方案由业主大会决定。未成立业主大会的，续交的具体管理办法由直辖市、市、县人民政府住房城乡建设管理部门会同同级财政部门制定。

住宅专项维修资金应当专项用于住宅共用部位、共用设施设备保修期满后的维修和更新、改造，不得挪作他用。

1. （单选题）关于住宅专项维修资金的说法，错误的是（   ）。
   A. 购买公有住房的售房单位不用交纳住宅专项维修资金
   B. 业主分户账面住宅专项维修资金余额不足首期交存额 30%的，应及时续交
   C. 住宅专项维修资金应用于住宅共用设施设备保修期满后的维修
   D. 业主交存的住宅专项维修资金属于业主所有

【答案】A
【解析】根据《住宅专项维修资金管理办法》规定，交存住宅专项维修资金的范围包括：住宅，但一个业主所有且与其他物业不具有共用部位、共用设施设备的除外；住宅小区内的非住宅或者住宅小区外与单幢住宅结构相连的非住宅。属上述范围的，出售的公有住房，售房单位也应当交存住宅专项维修资金。
【出处】《房地产交易制度政策》（第四版）P111

第四章 新建商品房销售相关制度政策

【真题实测】

一、单选题（每题的备选答案中只有1个最符合题意）

1. 办理新建商品房预售合同登记备案的管理部门是（　　）。
   A. 税收征管机关　　　　　　　　B. 市场监督管理部门
   C. 房地产管理部门　　　　　　　D. 不动产登记机构

2. 商品房建设项目，可以现售的时点是（　　）。
   A. 室外装修完成60%以上　　　　B. 通过竣工验收
   C. 外墙围护工程结束　　　　　　D. 完成工程主体

3. 房地产经纪机构代理销售不符合销售条件的商品房的，处以警告，责令停止销售，并可处以（　　）罚款。
   A. 1万元以上2万元以下　　　　　B. 2万元以上3万元以下
   C. 5万元以上10万元以下　　　　 D. 10万元以上100万元以下

4. 商品房在保修范围和保修期内出现质量缺陷，应向购房人承担维修责任的是（　　）。
   A. 房地产管理部门　　　　　　　B. 房地产开发企业
   C. 工程管理单位　　　　　　　　D. 施工单位

二、多选题（每题的备选答案中有2个或2个以上符合题意）

5. 张某预购一套建筑面积为100 m^2 的商品房，交付时实测建筑面积为106 m^2，合同对面积误差处理无约定，张某可能被法院支持的请求有（　　）。
   A. 退房并要求房地产开发企业支付双倍房价款利息
   B. 不退房，只支付100 m^2 的房价款
   C. 退房并要求房地产开发企业支付房价款利息
   D. 退房并要求房地产开发企业双倍返还房价款
   E. 不退房，只支付103 m^2 的房价款

6. 根据《房屋建筑工程质量保修办法》，新建商品房各部位最低保修期限为2年的有（　　）。
   A. 装修工程　　　　　　　　　　B. 给水排水管道
   C. 电气系统　　　　　　　　　　D. 屋面防水工程
   E. 主体结构工程

【真题实测答案及解析】

1.【答案】C

【解析】商品房预售人应当在签约之日起30日内持商品房预售合同到县级以上人民政府房地产管理部门和土地管理部门办理登记备案手续。

【出处】《房地产交易制度政策》（第四版）P86

2.【答案】B

【解析】商品房现售应当符合以下条件：① 现售商品房的房地产开发企业应当具有企业法人营业执照和房地产开发企业资质证书；② 取得土地使用权证书或使用土地的批准

文件；③持有建设工程规划许可证和建筑工程施工许可证；④已通过竣工验收；⑤拆迁安置已经落实；⑥供水、供电、供热、燃气、通信等配套设施具备交付使用条件，其他配套基础设施和公共设备具备交付使用条件或已确定施工进度和交付日期；⑦物业管理方案已经落实。ACD 均未完成建设竣工交付。

【出处】《房地产交易制度政策》（第四版）P88

3. 【答案】B

【解析】房地产经纪机构代理销售不符合销售条件的商品房的，处以警告，责令停止销售，并可处以 2 万元以上 3 万元以下罚款。

【出处】《房地产交易制度政策》（第四版）P90

4. 【答案】B

【解析】在保修期内发生的属于保修范围的质量问题，房地产开发企业应当履行保修义务，并对造成的损失承担赔偿责任。

【出处】《房地产交易制度政策》（第四版）P102

5. 【答案】CE

【解析】面积误差比绝对值超出 3% 时，买受人有权退房。买受人退房的，房地产开发企业应当在买受人提出退房之日起 30 日内将买受人已付房价款退还给买受人，同时支付已付房价款利息。买受人不退房的，产权登记面积大于合同约定面积时，面积误差比在 3% 以内（含 3%）部分的房价款由买受人补足；超出 3% 部分的房价款由房地产开发企业承担，产权归买受人。

【出处】《房地产交易制度政策》（第四版）P85

6. 【答案】ABC

【解析】电气系统、给水排水管道、设备安装为 2 年，装修工程为 2 年。

【出处】《房地产交易制度政策》（第四版）P98

【章节小测】

一、单选题（每题的备选答案中只有 1 个最符合题意）

1. 工程竣工验收合格后，建设单位应当及时提供（　　）。

   A. 工程质量保证书　　　　　　B. 工程竣工验收报告
   C. 住宅使用说明书　　　　　　D. 工程质量分户验收表

2. 对于期房来说，《商品房买卖合同》约定的商品房面积是根据（　　）测出的。

   A. 建筑面积　　　　　　　　　B. 套内建筑面积
   C. 测绘图纸　　　　　　　　　D. 设计图纸

3. 房地产开发企业需要将其提供办理的房屋权属登记的资料在商品房交付使用之日起（　　）日内，报送到房屋所在地房地产行政主管部门。

   A. 15　　　　　　　　　　　　B. 30
   C. 60　　　　　　　　　　　　D. 90

4. 选取物业服务企业的时间节点是（　　）。

   A. 房地产开发企业取得预售条件后　　B. 房地产开发企业销售全部房屋后
   C. 房地产开发企业在销售房屋前　　　D. 房地产开发企业在取得开发资质后

5. 根据《物业管理条例》，临时管理规约的制定者是（　　）。
   A. 建设单位　　　　　　　　B. 全体业主共同
   C. 物业服务企业　　　　　　D. 房地产主管部门
6. 根据《住宅专项维修资金管理办法》规定，交存住宅专项维修资金的范围不含（　　）。
   A. 住宅
   B. 住宅小区内非住宅
   C. 出售的公有住房
   D. 一个业主所有且与其他物业不共有的部位
7. 业主大会成立前，商品住宅业主、非住宅业主交存的住宅专项维修资金，由（　　）代管。
   A. 房地产开发企业　　　　　B. 物业管理企业
   C. 业主　　　　　　　　　　D. 房地产主管部门

二、多选题（每题的备选答案中有2个或2个以上符合题意）

8. 住宅专项维修资金过户时受让人应提供的证明材料有（　　）。
   A. 房屋权属证书　　　　　　B. 身份证
   C. 住宅使用说明书　　　　　D. 住宅专项维修资金过户协议
   E. 建筑物及附属设施管理规约
9. 商品住房预售方案的内容应当包括（　　）。
   A. 面积预测与分摊情况　　　B. 预售房屋套数
   C. 项目基本情况　　　　　　D. 建设进度安排
   E. 购房人融资安排
10. 下列工作中，属于物业管理常规性公共服务的有（　　）。
    A. 代办家庭财产保险　　　　B. 房屋评估
    C. 绿化管理　　　　　　　　D. 房屋维护
    E. 代管维修资金

【章节小测答案及解析】

1.【答案】B
【解析】工程竣工验收合格后，建设单位应当及时提供工程竣工验收报告。为书中原句知识考点。
【出处】《房地产交易制度政策》（第四版）P100

2.【答案】D
【解析】对于预售房屋来说，《商品房买卖合同》约定的商品房面积是根据设计图纸测出的，商品房建成后的测绘结果与合同中约定的面积数据如果有差异，商品房交付时，房地产开发企业与买受人应对面积差异根据合同载明的方式处理。
【出处】《房地产交易制度政策》（第四版）P103

3.【答案】C
【解析】房地产开发企业应当在商品房交付之日起60日内，将需要由其提供的办理不动产权属登记的资料报送房屋所在地房地产行政主管部门。

【出处】《房地产交易制度政策》（第四版）P103

4.【答案】C

【解析】房地产开发企业在销售房屋前就要事先选聘物业服务企业，业主大会成立后，可以决定续聘、重新选聘物业服务企业。

【出处】《房地产交易制度政策》（第四版）P98

5.【答案】A

【解析】临时管理规约一般由建设单位在出售物业之前预先制定。

【出处】《房地产交易制度政策》（第四版）P101

6.【答案】D

【解析】根据《住宅专项维修资金管理办法》规定，交存住宅专项维修资金的范围包括：住宅，但一个业主所有且与其他物业不具有共用部位、共用设施设备的除外；住宅小区内的非住宅或者住宅小区外与单幢住宅结构相连的非住宅。属于上述范围的，出售的公有住房，售房单位也应当交存住宅专项维修资金。

【出处】《房地产交易制度政策》（第四版）P103

7.【答案】D

【解析】业主大会成立前，商品住宅业主、非住宅业主交存的住宅专项维修资金，由物业所在地直辖市、市、县人民政府住房城乡建设管理部门代管。

【出处】《房地产交易制度政策》（第四版）P112

8.【答案】ABD

【解析】受让人应当持住宅专项维修资金过户的协议、房屋权属证书、身份证等到专户管理银行办理分户账更名的手续。

【出处】《房地产交易制度政策》（第四版）P114

9.【答案】ABCD

【解析】预售方案应当包括项目基本情况、建设进度安排、预售房屋套数、面积预测及分摊情况、公共部位和公共设施的具体范围、预售价格及变动幅度、预售资金监管落实情况、住房质量责任承担主体和承担方式、住房能源消耗指标和节能措施等。

【出处】《房地产交易制度政策》（第四版）P87

10.【答案】CD

【解析】常规性公共服务包括：① 房屋建筑主体的管理及住宅装修的日常监督；② 房屋设备、设施的管理；③ 环境卫生的管理；④ 绿化管理；⑤ 配合公安和消防部门做好住宅区内公共秩序维护和安全防范工作；⑥ 车辆道路管理；⑦ 公众代办性质的服务。

【出处】《房地产交易制度政策》（第四版）P104

第五章 房屋租赁相关制度政策

【章节导引】

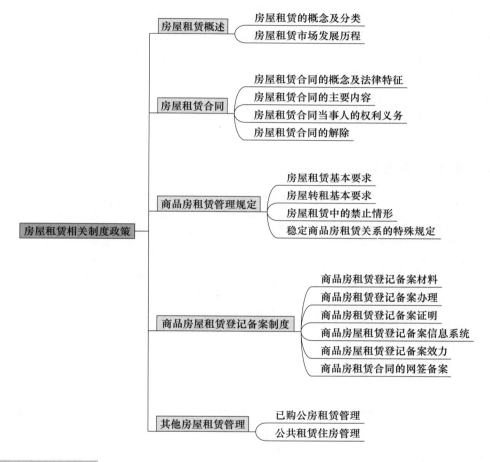

【章节核心知识点】

核心知识点 1：租赁合同概述

1. 房屋租赁合同：房屋租赁合同是出租人将租赁房屋交付承租人使用、收益，承租人支付租金的合同。在房屋租赁关系中，出租人与承租人之间所发生的民事关系主要通过房屋租赁合同确定。

2. 租赁合同的特征：

（1）合同转移的是房屋使用权而非所有权；

（2）房屋租赁合同属于诺成、要式、双务和有偿的合同；
（3）房屋租赁合同实行网签和登记备案制度。

1.（多选题）下列选项中，属于房屋租赁合同内容的有（　　）。
A. 租赁期限　　　　　　　　B. 租金和押金数额及交付方式
C. 房屋出售价格　　　　　　D. 当事人的姓名、名称、住所
E. 租赁用途和使用要求

【答案】ABDE

【解析】房屋租赁合同一般包括以下内容：①当事人的姓名或者名称及住所。②房屋的坐落、面积、结构、附属设施、家具和家电等室内设施状况。③租金和押金数额及支付方式。④租赁用途和房屋使用要求。⑤房屋和室内设施的安全性能。⑥租赁期限。⑦租金支付期限。⑧房屋维修责任。⑨物业服务、水、电、燃气等相关费用的缴纳。⑩争议解决办法和违约责任。⑪其他约定。

【出处】《房地产交易制度政策》（第四版）P120

核心知识点 2：房屋租赁合同当事人的权利义务

	出租人	承租人
权利	享有租金收益权是出租人最基本的权利，承租人逾期不支付房租则出租人有权单方解除合同。租赁期限届满或租赁合同解除，出租人有收回房屋的权利。承租人未经出租人同意转租房屋的，出租人可以解除合同收回房屋。承租人未经出租人同意，对租赁房屋进行改造或者增设他物的，出租人可以请求承租人恢复原状或者赔偿损失。承租人未按照约定的方法或者未根据租赁房屋的性质使用租赁房屋致使房屋受到损失的，出租人可以解除合同并请求赔偿损失	对出租房屋享有居住、使用权，是承租人最基本的权利。同时，在租赁期限内因占有、使用租赁房屋获得的收益，归承租人所有，但当事人另有约定的除外。为稳定租赁关系保护承租人合法权益不受侵害，我国法律还赋予承租人一系列特殊权利，如优先购买权、买卖不破租赁，另外，租赁房屋危及承租人的安全或者健康的，即使承租人订立合同时明知该租赁房屋质量不合格，承租人仍然可以随时解除合同
义务	（1）提供符合要求的房屋及其附属设施； （2）对房屋进行维修（按合同约定履行房屋维修义务）	（1）交付租金； （2）合理使用、善意保管房屋； （3）租赁关系终止时归还房屋

1.（多选题）在房屋租赁期限内，承租人对承租房屋享有的权利有（　　）。
A. 转让权　　　　　　　　　B. 使用权
C. 收益权　　　　　　　　　D. 处分权
E. 同等条件下的优先购买权

【答案】BCE

【解析】承租人享有出租房屋的使用权、收益权外，为保护承租人合法权益不受侵害，我国法律还赋予承租人一系列特殊权利，如优先购买权、买卖不破租赁。

【出处】《房地产交易制度政策》（第四版）P121

核心知识点 3：房屋租赁合同的解除

房屋租赁合同解除

出租人单方面解除的情形	承租人单方面解除的情形
（1）承租人未经出租人同意将承租的房屋擅自转租的； （2）承租人擅自变动房屋建筑主体和承重结构或扩建的； （3）承租人未按照约定的方法或者未根据房屋性质使用房屋，致使房屋受到损失的； （4）承租人无正当理由未支付或者迟延支付租金，出租人请求承租人在合理期限内支付，承租人逾期不支付的； （5）不定期租赁（即未在租赁合同中明确约定租赁期限），出租人在合理期限之前通知承租人的； （6）法律、法规规定的以及合同约定的其他可以提前解除租赁合同的	（1）租赁房屋被司法机关或者行政机关依法查封、扣押的； （2）租赁房屋权属有争议的； （3）租赁房屋具有违反法律、行政法规关于使用条件的强制性规定情形的； （4）因房屋部分或者全部毁损、灭失，致使不能实现合同目的的； （5）不定期租赁，承租人在合理期限之前通知出租人的； （6）租赁房屋危及承租人的安全或者健康的； （7）法律、法规规定的以及合同约定的其他可以提前解除租赁合同的

1．（多选题）下列情形中，承租人可以单方解除租赁合同的有（　　）。
   A. 因地震导致房屋损毁的
   B. 租赁房屋被司法机关查封
   C. 租赁房屋产权有争议
   D. 承租人找到性价比更好的房屋
   E. 承租人未经出租人同意，擅自将租赁房屋进行转租

【答案】ABC
【解析】承租人单方解除的情形主要有：（1）租赁房屋被司法机关或者行政机关依法查封、扣押的；（2）租赁房屋权属有争议的；（3）租赁房屋具有违反法律、行政法规关于使用条件的强制性规定情形的；（4）因房屋部分或者全部毁损、灭失，致使不能实现合同目的的；（5）不定期租赁，承租人在合理期限之前通知出租人的；（6）租赁房屋危及承租人的安全或者健康的；（7）法律、法规规定的以及合同约定的其他可以提前解除租赁合同的。

【出处】《房地产交易制度政策》（第四版）P123

核心知识点 4：房屋租赁及转租的基本要求

1．房屋租赁基本要求：
（1）房屋依法可以出租；
（2）租住面积符合规定；
（3）签订书面租赁合同；
（4）合理确定各方权利义务。
2．房屋转租基本要求：
（1）转租要求：①须经出租人书面同意；②转租期限不得超过原合同规定的期限。

（2）转租效力：承租人转租的，承租人与出租人之间的房屋租赁合同继续有效，第三人对租赁房屋造成损失的，承租人应当赔偿损失。

1.（单选题）王某承租李某的房屋，租赁期限为3年，在租赁期限届满前1年，王某经李某的同意将房屋转租给陈某，王某可以将房屋转租给陈某（　　）年。

A. 1　　　　　　　　　　　　B. 2
C. 3　　　　　　　　　　　　D. 1～3年都可以

【答案】A

【解析】承租人经出租人同意将租赁房屋转租给第三人时，转租期限不得超过原房屋租赁合同的剩余期限，王某已经租赁房屋2年，还可以将房屋转租给陈某1年。

【出处】《房地产交易制度政策》（第四版）P124

核心知识点5：房屋租赁中的禁止行为

（1）禁止将不符合条件的房屋出租：① 违法建筑；② 不符合安全、防灾等工程建设强制性标准的房屋；③ 违反规定改变使用性质的房屋；④ 法律、法规规定禁止出租的其他情形。

（2）禁止提供"群租房"：如将厨卫、卫生间、阳台出租给他人居住，房屋内打隔断。

（3）不得随意提高租金。

（4）禁止违法违规改建房屋：如改变承重结构或拆改室内设施。

1.（多选题）下列房屋不得出租的是（　　）。

A. 群租房　　　　　　　　　　B. 农村宅基地上自建房
C. 已被鉴定为危房的房屋　　　D. 已购公有住房
E. 已被抵押的房屋

【答案】AC

【解析】不能出租的房屋有：① 违法建筑；② 不符合安全、防灾等工程建设强制性标准的房屋；③ 违反规定改变使用性质的房屋；④ 法律、法规规定禁止出租的其他情形。禁止提供"群租房"。

【出处】《房地产交易制度政策》（第四版）P125～P126

核心知识点6：稳定出租房屋租赁关系的特殊规定

1. 买卖不破租赁。为了保护承租人及其相关人员的合法权益，稳定租赁关系，我国有关法律法规明确"买卖不破租赁"原则，如《民法典》第七百二十五条规定："租赁物在承租人按照租赁合同占有期限内发生所有权变动的，不影响租赁合同的效力。"房屋所有权变动包括赠与、析产、继承或者买卖转让租赁房屋等。

2. 优先购买权。出租人出卖租赁房屋的，应当在出卖之前的合理期限内通知承租人，承租人享有以同等条件优先购买的权利。除了出卖租赁房屋，出租人在与抵押权人协议折价、变卖租赁房屋偿还债务及委托拍卖人拍卖租赁房屋时，也应在合理期限内通知承租人，承租人享有以同等条件优先购买的权利。租赁期限届满，房屋承租人享有以同等条件优先购买的权利。值得注意的是，承租人主张优先购买并不是任何条件下都可实现，而必须是同等条件下提出的主张。承租人不享有优先购买权的情形包括：

（1）房屋按份共有人行使优先购买权的；

（2）出租人将房屋出卖给近亲属，包括配偶、父母、子女、兄弟姐妹、祖父母、外祖父母、孙子女、外孙子女的；

（3）出租人履行出卖房屋通知义务后，承租人在15日内未明确表示购买的，视为承租人放弃优先购买权；

（4）出租人委托拍卖租赁房屋的，应当在拍卖5日前通知承租人，承租人未参加拍卖的，视为放弃优先购买权。

3. 优先承租权。根据《民法典》第七百三十四条规定，租赁期限届满，承租人继续使用房屋的，出租人没有提出异议，原租赁合同继续有效，但是租赁期限为不定期。同时，该条第二款明确规定租赁期限届满，房屋承租人享有以同等条件优先承租的权利，这对于稳定租赁关系，保护承租人的权益，推动我国住房租赁市场的发展具有很大的积极意义。优先承租权的行使应当包括以下几个要件。

（1）存在合法有效的租赁关系。租赁关系是优先承租权产生的前提，没有租赁关系或租赁合同并没有实际履行，则不存在优先承租权。对于转租而言，基于合同的相对性，次承租人仅与承租人存在租赁关系，因此只能向承租人而非出租人主张优先承租权。

（2）出租人继续出租房屋。若出租人主观或客观上不继续出租房屋，如出租人收回房屋自用等，优先承租权则无从谈起。

（3）满足同等条件。

（4）在合理期限内主张。

4. 其他稳定租赁关系的规定：

（1）承租人在房屋租赁期限内死亡的，与其生前共同居住的人或者共同经营人可以按照原租赁合同租赁该房屋。

（2）租赁房屋期间，房屋被抵押或查封的，原租赁合同继续有效。但房屋在出租前已设立抵押权，因抵押权人实现抵押权发生所有权变动的及房屋在出租前已被人民法院依法查封的，承租人不得要求房屋受让人继续履行原租赁合同。

1.（单选题）承租人在租赁期间内死亡，有权要求维持原租赁关系的承租人是（　　）。

A. 已经离异的前妻　　　　　　B. 异地居住的儿子

C. 现共同居住的孙子　　　　　D. 和前妻居住的女儿

【答案】C

【解析】承租人在房屋租赁期间死亡的，与其生前共同居住的人可以按照原租赁合同租赁该房屋。

【出处】《房地产交易制度政策》（第四版）P127

核心知识点 7：商品房租赁登记备案制度

1. 根据《城市房地产管理法》《商品房屋租赁管理办法》规定，房屋租赁合同订立后 30 日内，房屋租赁当事人应当到租赁房屋所在地直辖市、市、县人民政府住房城乡建设管理部门办理房屋租赁登记备案。

2. 商品房屋租赁当事人办理房屋租赁登记备案，应当提交下列材料：
（1）房屋租赁合同；
（2）房屋租赁当事人身份证明；
（3）房屋所有权证书或者其他合法权属证明；
（4）直辖市、市、县人民政府住房城乡建设管理部门规定的其他材料。

3. 商品房屋租赁登记备案效力。《民法典》第七百零六条规定："当事人未依照法律、行政法规规定办理租赁合同登记备案手续的，不影响合同的效力。"尽管房屋租赁合同不以登记备案为生效条件，但登记备案的房屋租赁合同具有对抗第三人的效力。即当出租人就同一房屋订立数份租赁合同，在合同均有效的情况下，承租人均主张履行合同的，已经办理登记备案手续的优先于非登记备案的，除非非登记备案的承租人已经合法占有租赁房屋。

1.（单选题）关于商品房屋租赁登记备案的说法，正确的是（   ）
   A. 房屋租赁合同订立后 60 日内，当事人应办理房屋租赁登记备案
   B. 主管部门应在接受申请后 7 个工作日内办理房屋租赁登记备案
   C. 登记备案的房屋租赁合同具有对抗第三人的效力
   D. 未办理房屋租赁登记备案，房屋租赁合同无效

【答案】C

【解析】房屋租赁合同订立后 30 日内，当事人应当办理房屋租赁登记备案；主管部门在接受申请后 3 个工作日内应当办理房屋租赁登记备案；登记备案的房屋租赁合同具有对抗第三人的效力；未办理房屋登记备案不影响房屋租赁合同效力。

【出处】《房地产交易制度政策》（第四版）P129

核心知识点 8：公共租赁住房管理

1. 市、县级人民政府住房保障主管部门应当会同有关部门，按照略低于同地段住房市场租金水平的原则，确定本地区的公共租赁住房租金标准，报本级人民政府批准后实施。

2. 公共租赁住房租赁合同期限一般不超过 5 年。

3. 公共租赁住房合同终止的情形有：
（1）违法使用公共租赁住房（一旦确定违法已成事实，应当退回公共租赁住房）；
（2）拖欠租金（6 个月以上）；
（3）期满未申请续期；
（4）其他情形（包括提出续租申请但审核未通过；租赁期内购买或受赠获得其他住房，不再符合租赁住房的配租条件；租赁期内，承租或承购其他保障性住房）。

1. （单选题）公共租赁住房租赁合同的期限是不超过（　　）年。
   A. 3
   B. 5
   C. 10
   D. 20

【答案】B
【解析】公共租赁住房租赁合同期限一般不超过5年。
【出处】《房地产交易制度政策》（第四版）P131

【真题实测】

一、单选题（每题的备选答案中只有1个最符合题意）

1. 因承租人擅自变动房屋承重结构而导致解除房屋租赁合同的，可由（　　）。
   A. 出租人单方解除
   B. 租赁合同登记备案部门责令解除
   C. 承租人单方解除
   D. 不动产登记机构责令解除

2. 所有权人在租赁期限内转让房屋的，原租赁合同（　　）。
   A. 自动解除
   B. 继续履行
   C. 终止履行
   D. 中止履行

3. 出租住房应以（　　）为最小出租单位。
   A. 单元
   B. 套
   C. 居室
   D. 原设计的房间

4. 承租人在房屋租赁期间死亡的，可以按照租赁合同继续承租房屋的是（　　）。
   A. 朋友
   B. 共同居住人
   C. 共有人
   D. 近亲属

5. 李某通过甲房地产经纪机构承租了张某的商铺，该租赁关系确定的依据是（　　）。
   A. 房地产经纪服务合同
   B. 物业管理合同
   C. 房屋租赁合同
   D. 不动产权证

二、多选题（每题的备选答案中有2个或2个以上符合题意）

6. 下列房屋中，属于不得出租的有（　　）。
   A. 不成套的房屋
   B. 不符合安全标准的房屋
   C. 违法建设的房屋
   D. 拖欠物业服务费的房屋
   E. 擅自改变用途的房屋

7. 申请房屋租赁登记备案，一般应提交的资料有（　　）。
   A. 当事人身份证明
   B. 出租人收入证明
   C. 承租人收入证明
   D. 租赁合同
   E. 房屋权属证明

【真题实测答案及解析】

1.【答案】A
【解析】承租人擅自变动房屋建筑主体和承重结构或扩建的，属于出租人单方解除合同的情形。

【出处】《房地产交易制度政策》(第四版) P122

2.【答案】B

【解析】《合同法》第二百二十九条规定:"租赁物在租赁期间发生所有权变动的,不影响租赁合同的效力。"所有权变动包括赠与、析产、继承或者买卖转让租赁房屋等。

【出处】《房地产交易制度政策》(第四版) P126

3.【答案】D

【解析】以原规划设计为居住空间的房间为最小出租单元。

【出处】《房地产交易制度政策》(第四版) P126

4.【答案】B

【解析】承租人在房屋租赁期间死亡的,与其生前共同居住的人可以按照原租赁合同租赁该房屋。

【出处】《房地产交易制度政策》(第四版) P127

5.【答案】C

【解析】在商品房屋租赁关系中,出租人与承租人之间所发生的民事关系主要是通过房屋租赁合同确定。

【出处】《房地产交易制度政策》(第四版) P119

6.【答案】BCE

【解析】禁止将不符合条件的房屋出租:① 违法建筑;② 不符合安全、防灾等工程建设强制性标准的房屋;③ 违反规定改变使用性质的房屋;④ 法律、法规规定禁止出租的其他情形。

【出处】《房地产交易制度政策》(第四版) P125~P126

7.【答案】ADE

【解析】商品房屋租赁当事人办理房屋租赁登记备案,应当提交下列材料:① 房屋租赁合同;② 房屋租赁当事人身份证明;③ 房屋所有权证书或者其他合法权属证明;④ 直辖市、市、县人民政府住房城乡建设管理部门规定的其他材料。

【出处】《房地产交易制度政策》(第四版) P128

【章节小测】

一、单选题(每题的备选答案中只有 1 个最符合题意)

1. 应当在租赁期间保持房屋符合约定的用途的是( )。

  A. 出租人   B. 承租人
  C. 物业服务企业   D. 居委会

2. 按照《合同法》相关规定,房屋租赁合同期限不得超过( )年,超过规定期限的部分无效。

  A. 1   B. 5
  C. 20   D. 40

3. 房屋租赁期间内,因赠与、析产、继承或买卖转让房屋的,原( )应当继续有效。

  A. 房屋买卖合同   B. 房屋租赁合同
  C. 房屋抵押合同   D. 房屋代理合同

4. 张某将其住房出租刘某，双方应当在签订房屋租赁合同 30 日内，到（　　）主管部门办理房屋租赁登记备案。

  A. 税务   B. 工商
  C. 房地产   D. 规划

二、多选题（每题的备选答案中有 2 个或 2 个以上符合题意）

5. 房屋租赁合同是（　　）。

  A. 实践合同   B. 有偿合同
  C. 单务合同   D. 双务合同
  E. 诺成合同

6. 张某可以依法将其（　　）的住房出租。

  A. 未经规划许可建设   B. 具有消防隐患
  C. 未经抵押权人同意   D. 自有
  E. 农村宅基地上自建

7. 张某将其住房出租给李某，我国法律赋予李某的合法权益有（　　）。

  A. 张某出卖租赁房屋，应当在出卖前的合理期限内通知李某，李某享有同等条件优先购买的权利
  B. 房屋租赁期间内，因赠与或买卖房屋的，原房屋租赁合同继续有效
  C. 李某在租赁期间死亡，与其生前共同居住的人可以按照原租赁合同租赁该房屋
  D. 李某享有房屋的自由处置权
  E. 李某可以自行扩建房屋

【章节小测答案及解析】

1. 【答案】A

【解析】租赁物交付承租人，并在租赁期间保持租赁物符合约定的用途。应当不存在危及承租人、居住人或其他第三人人身、财产安全的隐患。

【出处】《房地产交易制度政策》（第四版）P121

2. 【答案】C

【解析】《民法典》第七百零五条规定："租赁期限不得超过二十年。超过二十年的，超过部分无效。"

【出处】《房地产交易制度政策》（第四版）P120

3. 【答案】B

【解析】《民法典》第七百二十五条规定："租赁物在承租人按照租赁合同占有期限内发生所有权变动的，不影响租赁合同的效力。"房屋所有权变动包括赠与、析产、继承或者买卖转让租赁房屋等。

【出处】《房地产交易制度政策》（第四版）P126

4. 【答案】C

【解析】房屋租赁合同订立后 30 日内，房屋租赁当事人应当到租赁房屋所在地直辖市、

市、县人民政府住房城乡建设管理部门办理房屋租赁登记备案。

【出处】《房地产交易制度政策》（第四版）P128

5.【答案】BDE

【解析】房屋租赁合同自双方当事人达成协议时成立，并不以房屋的交付为合同的成立要件，故为诺成合同而非实践合同。出租人通过移交房屋使用权而获取租金，承租人则通过支付租金获取房屋使用权，双方当事人互相承担义务和享受权利，为双务有偿合同。

【出处】《房地产交易制度政策》（第四版）P119

6.【答案】DE

【解析】禁止将不符合条件的房屋出租，其中包括：① 违法建筑：未领取建设工程规划许可证或临时建设工程规划许可证，擅自建造的建筑物和构筑物。② 不符合安全、防灾等工程建设强制性标准的房屋。抵押房地产经抵押权人同意可以出租。

【出处】《房地产交易制度政策》（第四版）P125

7.【答案】ABC

【解析】出租人出卖租赁房屋的，应当在出卖之前的合理期限内通知承租人，承租人享有以同等条件优先购买的权利。租赁物在承租人按照租赁合同占有期限内发生所有权变动的，不影响租赁合同的效力。承租人在房屋租赁期限内死亡的，与其生前共同居住的人或者共同经营人可以按照原租赁合同租赁该房屋。

【出处】《房地产交易制度政策》（第四版）P127

第六章　个人住房贷款相关制度政策

【章节导引】

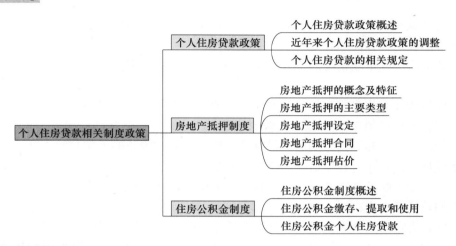

【章节核心知识点】

核心知识点 1：个人住房贷款政策概述

个人住房贷款含义：是指银行或其他金融机构向个人借款人发放的用于购买住房的贷款。我国个人住房贷款包括商业性个人住房贷款和住房公积金个人住房贷款两个类别，其中后者也是通过商业银行发放，又称之为委托贷款。

个人贷款申请应具备的条件：

（1）借款人为具有完全民事行为能力的中华人民共和国公民或符合国家有关规定的境外自然人；

（2）贷款用途明确合法；

（3）贷款申请数额、期限和币种合理；

（4）借款人具备还款意愿和还款能力；

（5）借款人信用状况良好，无重大不良信用记录；

（6）贷款人要求的其他条件。

1.（单选题）通过银行或其他金融机构向个人借款人发放的用于购买住房的贷款是（　　）。

A. 商业性个人住房贷款　　　　B. 公积金个人住房贷款

C. 个人住房贷款　　　　　　　D. 商业住房贷款

【答案】C

【解析】个人住房贷款是指银行或其他金融机构向个人借款人发放的用于购买住房的贷款。我国个人住房贷款包括商业性个人住房贷款和住房公积金个人住房贷款两个类别，其中后者也是通过商业银行发放，又称之为委托贷款。

【出处】《房地产交易制度政策》(第四版) P134

核心知识点 2：个人住房贷款风险防范

为防范金融风险，中国银监会规定，个人住房贷款不得违反贷款年限与房产价值比率和抵押物价值确定等方面的规定：

（1）各地应根据市场情况的不同制定合理的贷款成数上限，住房贷款的贷款成数不超过 80%；

（2）应将借款人住房贷款的月房产支出与收入比控制在 50% 以下（含 50%），月所有债务支出与收入比控制在 55% 以下（含 55%）；

（3）贷款人对于非国内长期居住借款人，应调查其在国外的工作和收入背景，了解其在华购房的目的，并在对各项信息调查核实的基础上评估借款人的偿还能力和偿还意愿；

（4）应区别判断抵押物状况。抵押物价值的确定以该房产在该次买卖交易中的成交价或评估价的较低者为准；

（5）贷款人在发放个人住房贷款前应对新建房屋进行整体性评估；

（6）在申请个人贷款过程中，借款人应积极配合贷款人对个人贷款内容和相关情况的调查，并遵守贷款人建立的面谈制度；

（7）贷款人在对贷款申请做出最终审批前，贷款经办人员须至少直接与借款人面谈一次，从而基本了解借款人的基本情况及其贷款用途；

（8）贷款人应向不动产登记机构查询拟抵押房屋的权属状况，决定发放抵押贷款的，应在贷款合同签署后及时到房地产部门办理房地产抵押登记。

1．（多选题）申请个人住房贷款时，申请人应提供的资料有（　　）。

　　A．身份证件　　　　　　　　　B．家庭经济收入证明
　　C．购房合同意向书或协议　　　D．抵押房地产意向成交价
　　E．抵押房地产权属证明

【答案】ABCE

【解析】借款人提出个人贷款申请需要提供的资料包括：借款人基本情况；借款人收支情况；借款人资产表；借款人现住房情况；借款人购房贷款资料；担保方式；借款人声明；以上申请资料的相关证件、证明、批准文件、协议、合同等。

【出处】《房地产交易制度政策》(第四版) P137

核心知识点 3：房地产抵押的特征和主要类型

1．房地产抵押的概念：房地产抵押是指抵押人以其合法的房地产以不转移占有的方

式向抵押权人提供债务履行担保的行为。

2. 房地产抵押的特征：房地产抵押的特征是不转移占有，这与质押有显著的区别。房地产抵押关系成立后，债务人到期不能清偿债务时，债权人依法有权以抵押的房地产折价或拍卖所得价款优先受偿。

与房地产经纪人相关的个人住房贷款业务，是抵押市场和住房市场的结合，是指贷款购房并以所购房屋及其占用的土地使用权设定抵押担保的行为。

3. 房地产抵押的主要类型有：

（1）一般房地产抵押：债务人将房地产抵押给债权人，债务人不履行到期债务或者发生当事人约定的实现抵押权的情形时，债权人有权就该房地产优先受偿；

（2）在建工程抵押；

（3）预购商品房贷款抵押；

（4）最高额抵押：最高额抵押权设立前已经存在的债权，经当事人同意，可以转入最高额抵押担保的范围。

1.（单选题）房地产抵押是指抵押人以其合法的房地产以（　　）的方式向抵押权人提供债务履行担保的行为。

A. 不转移占有　　　　　　B. 转移使用权
C. 转移所有权　　　　　　D. 转移经营权

【答案】A

【解析】《城市房地产抵押管理办法》指出，房地产抵押是指抵押人以其合法的房地产以不转移占有的方式向抵押权人提供债务履行担保的行为。

【出处】《房地产交易制度政策》（第四版）P139

2.（多选题）房地产抵押的主要类型有（　　）。

A. 一般房地产抵押　　　　B. 房地产中划拨土地使用权抵押
C. 在建工程抵押　　　　　D. 预购商品房贷款抵押
E. 最高额抵押

【答案】ACDE

【解析】房地产抵押的主要类型有：① 一般房地产抵押；② 在建工程抵押；③ 预购商品房贷款抵押；④ 最高额抵押。

【出处】《房地产交易制度政策》（第四版）P139

核心知识点 4：房地产抵押设定

1. 可以抵押的房地产。依据《民法典》规定，债务人或者第三人有权处分的下列财产可以抵押：

（1）建筑物和其他土地附着物；

（2）建设用地使用权；

（3）海域使用权；

（4）生产设备、原材料、半成品、产品；

（5）正在建造的建筑物、船舶、航空器；
（6）交通运输工具；
（7）法律、行政法规未禁止抵押的其他财产。

抵押人可以将上述所列财产一并抵押。

2. 不得抵押的房地产。依据《民法典》和《城市房地产抵押管理办法》规定，下列房地产不得抵押：
（1）土地所有权；
（2）宅基地、自留地、自留山等集体所有土地的使用权，但是法律规定可以抵押的除外；
（3）学校、幼儿园、医疗机构等为公益目的成立的非营利法人的教育设施、医疗卫生设施和其他公益设施；
（4）所有权、使用权不明或者有争议的财产；
（5）列入文物保护的建筑物和有重要纪念意义的其他建筑物；
（6）已依法公告列入拆迁范围的房地产；
（7）依法被查封、扣押、监管以及其他形式限制的房地产；
（8）法律、行政法规规定不得抵押的其他财产。

1．（多选题）下列房地产中，不得设定抵押权的有（　　）。
　　A．权属有争议的房地产
　　B．用于教育、医疗、市政等公共福利事业的房地产
　　C．列入文物保护的建筑物和有重要纪念意义的其他建筑物
　　D．被依法查封、扣押、监管或者其他形式限制的房地产
　　E．依法购买的商住两用房

【答案】ABCD

【解析】依据《民法典》和《城市房地产抵押管理办法》规定，下列房地产不得抵押：① 土地所有权；② 宅基地、自留地、自留山等集体所有土地的使用权，但是法律规定可以抵押的除外；③ 学校、幼儿园、医疗机构等为公益目的成立的非营利法人的教育设施、医疗卫生设施和其他公益设施；④ 所有权、使用权不明或者有争议的财产；⑤ 列入文物保护的建筑物和有重要纪念意义的其他建筑物；⑥ 已依法公告列入拆迁范围的房地产；⑦ 依法被查封、扣押、监管以及其他形式限制的房地产；⑧ 法律、行政法规规定不得抵押的其他财产。

【出处】《房地产交易制度政策》（第四版）P141

核心知识点 5：房地产抵押合同

《民法典》规定，设立担保物权，应当依照该法和其他法律的规定订立担保合同。担保合同是主债权债务合同的从合同。主债权债务合同无效，担保合同无效，但法律另有规定的除外。担保合同被确认无效后，债务人、担保人、债权人有过错的，应当根据其过错各自承担相应的民事责任。房地产抵押是担保债权债务履行的手段。房地产抵押合同是抵押人为了保证债权债务的履行，明确双方权利与义务的协议。

房地产抵押人与抵押权人必须共同签订书面抵押合同。

房地产抵押合同一般应载明的内容：
（1）抵押人、抵押权人的名称或者个人姓名、住所；
（2）被担保债权的种类、数额；
（3）抵押房地产的处所、名称、状况、建筑面积、用地面积以及四至等；
（4）抵押房地产的价值；
（5）抵押房地产的占用管理人、占用管理方式、占用管理责任以及意外损毁、灭失的责任；
（6）债务人履行债务的期限；
（7）抵押权灭失的条件；
（8）违约责任；
（9）争议解决的方式；
（10）抵押合同订立的时间与地点；
（11）双方约定的其他事项。

以预购商品房贷款抵押的，需提交生效的商品房预购合同。抵押权人要求在房地产抵押后限制抵押人出租、转让抵押房地产或者改变抵押房地产用途的，抵押当事人应当在抵押合同中载明。

1.（多选题）房地产抵押合同一般应载明的内容有（　　）。
A. 已投入在建工程的工程款　　B. 被担保债权的种类、数额
C. 债务人履行债务的期限　　　D. 违约责任
E. 争议解决的方式

【答案】BCDE
【解析】房地产抵押合同一般应载明的内容：① 抵押人、抵押权人的名称或者个人姓名、住所；② 被担保债权的种类、数额；③ 抵押房地产的处所、名称、状况、建筑面积、用地面积以及四至等；④ 抵押房地产的价值；⑤ 抵押房地产的占用管理人、占用管理方式、占用管理责任以及意外损毁、灭失的责任；⑥ 债务人履行债务的期限；⑦ 抵押权灭失的条件；⑧ 违约责任；⑨ 争议解决的方式；⑩ 抵押合同订立的时间与地点；⑪ 双方约定的其他事项。
【出处】《房地产交易制度政策》（第四版）P143

核心知识点6：公积金制度

住房公积金的本质属性是工资性，是住房分配货币化的重要形式。单位按职工工资的一定比例为职工缴存住房公积金，实质是以住房公积金的形式给职工增加了一部分住房工资，从而达到促进住房分配机制转换的目的。《住房公积金管理条例》规定，职工个人缴存的住房公积金和职工所在单位为职工缴存的住房公积金，属于职工个人所有。

住房公积金的特点有：义务性（强制性）、互助性和保障性。

1. 住房公积金缴存：
（1）缴存住房公积金的对象。国家机关、国有企业、城镇集体企业、外商投资企业、

城镇私营企业及其他城镇企业、事业单位、民办非企业单位和社会团体及其在职职工,都应按月缴存住房公积金。

(2)缴存比例:职工和单位住房公积金的缴存比例均不得低于5%。

(3)住房公积金月缴存额,为职工本人上一年度月平均工资分别乘以职工和单位住房公积金缴存比例后的和。

2. 住房公积金的提取。职工个人住房公积金的提取,是指缴存职工因特定住房消费或丧失缴存条件时,按照规定把个人账户内的住房公积金存储余额取出的行为。职工提取住房公积金的情形有:

(1)购买、建造、翻建、大修自住住房的;

(2)离休、退休的;

(3)完全丧失劳动能力并与单位终止劳动关系的;

(4)出境定居的;

(5)偿还购房贷款本息的;

(6)房租超出家庭工资收入规定比例的。

对于在缴存城市无自有住房且租赁住房的,2015年1月,住房城乡建设部、财政部、中国人民银行印发《关于放宽提取住房公积金支付房租条件的通知》,明确租房提取条件。职工连续足额缴存住房公积金满3个月,本人及配偶在缴存城市无自有住房且租赁住房的,可提取夫妻双方住房公积金以支付房租。

1.(单选题)住房公积金的本质属性是(   )。
  A. 福利性   B. 义务性
  C. 保障性   D. 工资性

【答案】D

【解析】住房公积金的本质属性是工资性,是住房分配货币化的重要形式。

【出处】《房地产交易制度政策》(第四版)P146

2.(多选题)住房公积金管理的基本原则有(   )。
  A. 住房公积金管理委员会决策   B. 住房公积金管理中心运作
  C. 银行专户存储   D. 财政监督
  E. 商业银行管理中心运作

【答案】ABCD

【解析】住房公积金管理的基本原则是"住房公积金管理委员会决策、住房公积金管理中心运作、银行专户存储、财政监督",其目的是保障性住房公积金规范管理和安全运作,维护住房公积金所有人的合法权益。

【出处】《房地产交易制度政策》(第四版)P146

【真题实测】

一、单选题(每题的备选答案中只有1个最符合题意)

1. 张某将房屋出租给李某后,又以此房屋作为抵押物与银行签订了抵押贷款合同。

李某有权（　　）。
　　A．不同意张某抵押并解除租赁合同　　B．继续承租张某的房屋
　　C．要求张某解除抵押合同　　D．要求银行解除抵押合同
2．确定房地产抵押价值的正确做法是（　　）。
　　A．抵押当事人协商议定或房地产估价机构评估后确定
　　B．抵押人自行确定
　　C．房地产经纪人确定
　　D．房地产经纪机构确定
3．房地产抵押是抵押人以其合法的房地产以（　　）的方式向抵押权人提供债务履行担保的行为。
　　A．交付　　B．出租
　　C．出典　　D．不转移占有
4．刘某2019年1月在甲城市工作并开始连续缴存住房公积金，其最早可以使用住房公积金的时间是（　　）。
　　A．2019年7月　　B．2019年4月
　　C．2020年1月　　D．2019年1月
5．职工享受国家优惠政策购买的拥有部分产权的房地产（　　）。
　　A．不得抵押
　　B．可以抵押，且不受政策限制
　　C．能否抵押由所在地人民政府决定
　　D．可以抵押，抵押额以其可以处分和收益的份额为限

二、**多选题**（每题的备选答案中有2个或2个以上符合题意）

6．房地产抵押合同通常包括的条款有（　　）。
　　A．争议解决的方式
　　B．债务人到期不履行债务，抵押财产直接归抵押权人所有
　　C．债务人履行债务的期限
　　D．抵押房地产的坐落
　　E．抵押房地产的价值
7．按照现行住房公积金政策，职工可以提取住房公积金的情形有（　　）。
　　A．偿还购房贷款本息
　　B．购买自住住房
　　C．购买写字楼
　　D．完全丧失劳动能力并与单位终止劳动关系
　　E．出国定居

【**真题实测答案及解析**】

1．【答案】B
【解析】订抵押权设立前，抵押房地产出租并转移占有的，原租赁关系不受该抵押权的影响。因此李某作为承租人，有权继续承租张某的房屋。

【出处】《房地产交易制度政策》(第四版) P141

2.【答案】A

【解析】房地产抵押价值可以由抵押当事人协商议定,也可以由房地产估价机构进行评估。

【出处】《房地产交易制度政策》(第四版) P144

3.【答案】D

【解析】房地产抵押是指抵押人以其合法的房地产以不转移占有的方式向抵押权人提供债务履行担保的行为。

【出处】《房地产交易制度政策》(第四版) P138

4.【答案】B

【解析】职工连续足额缴存住房公积金满 3 个月,本人及配偶在缴存城市无自有住房且租赁住房的,可提取夫妻双方住房公积金以支付房租。

【出处】《房地产交易制度政策》(第四版) P149

5.【答案】D

【解析】以享受国家优惠政策购买的房地产设定抵押的,其抵押额以房地产权利人可以处分和收益的份额比例为限。

【出处】《房地产交易制度政策》(第四版) P142

6.【答案】ACDE

【解析】房地产抵押合同一般应载明的内容① 抵押人、抵押权人的名称或者个人姓名、住所;② 被担保债权的种类、数额;③ 抵押房地产的处所、名称、状况、建筑面积、用地面积以及四至等;④ 抵押房地产的价值;⑤ 抵押房地产的占用管理人、占用管理方式、占用管理责任以及意外损毁、灭失的责任;⑥ 债务人履行债务的期限;⑦ 抵押权灭失的条件;⑧ 违约责任;⑨ 争议解决的方式;⑩ 抵押合同订立的时间与地点;⑪ 双方约定的其他事项。

【出处】《房地产交易制度政策》(第四版) P143

7.【答案】ABDE

【解析】职工提取住房公积金的情形有:① 购买、建造、翻建、大修自住住房的;② 离休、退休的;③ 完全丧失劳动能力并与单位终止劳动关系的;④ 出境定居的;⑤ 偿还购房贷款本息的;⑥ 房租超出家庭工资收入规定比例的。

【出处】《房地产交易制度政策》(第四版) P148

【章节小测】

一、单选题(每题的备选答案中只有 1 个最符合题意)

1.《物权法》规定,债务人或者第三人可以( )的方式,向抵押权人提供债务履行担保。

  A. 出售   B. 出租
  C. 出典   D. 不转移占有

2. 按照有关规定,甲公司向乙银行办理在建工程抵押,应以其( )作为偿还贷款的担保。

A. 以合法方式取得的土地使用权
B. 在建工程
C. 在建工程完工后总资产
D. 以合法方式取得的土地使用权连同在建工程的投入资产

3. 按照相关规定，下列房地产中可以抵押的是（　　）。
A. 集体土地所有权　　　　　　B. 权属有争议的房地产
C. 被依法查封的房地产　　　　D. 经共有权人书面同意的房地产

4. 王某按照规定购买的一套经济适用住房，（　　）。
A. 不得抵押
B. 可以抵押，且不受政策限制
C. 可以抵押，其抵押额以其可以处分和收益的份额为限
D. 能否抵押由当地城市住房管理部门决定

5. 王某预购一套商品住房，先后向甲、乙两家银行办理了抵押贷款合同，与乙银行签订的合同办理了房地产抵押登记。则（　　）对抵押物的优先受偿权。
A. 甲银行有　　　　　　　　　B. 乙银行有
C. 甲、乙银行均有　　　　　　D. 甲、乙银行均无

二、多选题（每题的备选答案中有 2 个或 2 个以上符合题意）

6. 下列关于房地产抵押的表述中，符合现行规定的有（　　）。
A. 用于教育、医疗、市政等公共福利事业的房地产不得进行抵押
B. 以预购商品房抵押的，商品房开发项目必须取得商品房预售许可证
C. 已出租的房地产抵押的，抵押权人决定原租赁合同是否继续有效
D. 违章建筑物或临时建筑物不能用于抵押
E. 已被依法公告列入征收范围的房地产不得抵押

7. 《物权法》规定，抵押合同一般包括的条款有（　　）。
A. 被担保债权的种类和数额
B. 债务人履行债务的期限
C. 抵押财产的名称、数量、质量、所在地、所有权归属或者使用权归属
D. 抵押财产直接归抵押权人占有
E. 担保的范围

8. 住房公积金个人贷款与商业贷款的区别有（　　）。
A. 贷款对象不同　　　　　　　B. 贷款流程不同
C. 贷款额度不同　　　　　　　D. 贷款利率不同
E. 贷款年限不同

【章节小测答案及解析】

1.【答案】D

【解析】《民法典》第三百九十四条规定："为担保债务的履行，债务人或者第三人不转移财产的占有，将该财产抵押给债权人的，债务人不履行到期债务或者发生当事人约定的实现抵押权的情形，债权人有权就该财产优先受偿。前款规定的债务人或者第三人为抵

押人，债权人为抵押权人，提供担保的财产为抵押财产。"

【出处】《房地产交易制度政策》（第四版）P139

2.【答案】D

【解析】在建工程抵押是指抵押人为取得在建工程继续建造资金的贷款，以其合法方式取得的土地使用权连同在建工程的投入资产，以不转移占有的方式抵押给贷款银行作为偿还贷款履行担保的行为。

【出处】《房地产交易制度政策》（第四版）P139

3.【答案】D

【解析】以共有的房地产设定抵押的，抵押人应当事先征得其他共有权人的书面同意。

【出处】《房地产交易制度政策》（第四版）P141

4.【答案】C

【解析】以享受国家优惠政策购买的房地产设定抵押的，其抵押额以房地产权利人可以处分和收益的份额比例为限。

【出处】《房地产交易制度政策》（第四版）P142

5.【答案】B

【解析】《民法典》规定，以正在建造的建筑物抵押的，应办理抵押登记。抵押权自登记时设立。房地产抵押未登记的，抵押权不生效，抵押权人不享有优先受偿权。

【出处】《房地产交易制度政策》P143

6.【答案】ABDE

【解析】订抵押权设立前，抵押房地产出租并转移占有的，原租赁关系不受该抵押权的影响。

【出处】《房地产交易制度政策》（第四版）P141

7.【答案】ABCE

【解析】房地产抵押合同一般应载明的内容① 抵押人、抵押权人的名称或者个人姓名、住所；② 被担保债权的种类、数额；③ 抵押房地产的处所、名称、状况、建筑面积、用地面积以及四至等；④ 抵押房地产的价值；⑤ 抵押房地产的占用管理人、占用管理方式、占用管理责任以及意外损毁、灭失的责任；⑥ 债务人履行债务的期限；⑦ 抵押权灭失的条件；⑧ 违约责任；⑨ 争议解决的方式；⑩ 抵押合同订立的时间与地点；⑪ 双方约定的其他事项。

【出处】《房地产交易制度政策》（第四版）P143

8.【答案】ABCD

【解析】住房公积金个人住房贷款与商业性个人住房贷款除贷款资金来源不同外，在业务运作上也存在较明显差异，主要表现在以下方面：贷款对象不同、贷款流程不同、贷款额度、利率不同。

【出处】《房地产交易制度政策》（第四版）P149

第七章 房地产交易税费相关制度政策

【章节导引】

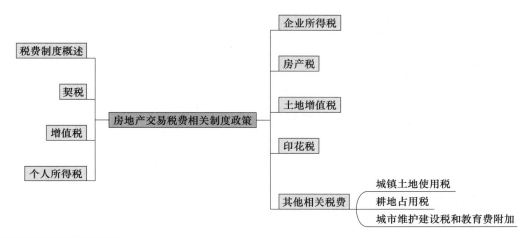

【章节核心知识点】

核心知识点1：税收的概念及特征

税收是国家为满足社会公共需要，凭借公共权力，按照法律规定程序和标准，参与社会产品的分配，强制地、无偿地取得财政收入的一种方式。

税收与其他分配方式相比，具有强制性、无偿性和固定性的特征。

根据征税对象性质的不同，税种可分为五大类：流转税、收益税、财产税、资源税和行为目的税。

1.（单选题）下列不属于房地产交易税收的特征的是（ ）。
　　A. 强制性　　　　　　　　B. 无偿性
　　C. 固定性　　　　　　　　D. 公益性
【答案】D
【解析】税收的特征，包括强制性、无偿性和固定性。
【出处】《房地产交易制度政策》（第四版）P154

核心知识点2：我国现行房地产税种

我国现行房地产税收有房产税、城镇土地使用税、耕地占用税、土地增值税、契税；

其他相关税种有增值税、城市维护建设税、个人所得税、企业所得税、印花税等。

征收情形		卖方	买方
房地产开发环节		契税、耕地占用税、印花税、增值税、城市维护建设税、教育费附加、城镇土地使用税	
房地产交易环节	新建商品房买卖	增值税、城市维护建设税、教育费附加、土地增值税、企业所得税、印花税	契税、印花税
房地产交易环节	二手房买卖	增值税、城市维护建设税、教育费附加、个人所得税、土地增值税、印花税	契税、印花税
房地产交易环节	房屋出租	房产税、增值税、城市维护建设税、教育费附加、企业所得税、个人所得税、印花税	
房地产持有环节		房产税、城镇土地使用税	

1．（多选题）根据征税对象性质的不同，可以将税种分为（　　）。
　　A．行为目的税　　　　　　B．收益税
　　C．增值税　　　　　　　　D．财产税
　　E．流转税
【答案】ABDE
【解析】根据征税对象性质的不同，全部税种可分为5大类：流转税、收益税、财产税、资源和行为目的税。
【出处】《房地产交易制度政策》（第四版）P155

核心知识点3：契税

1．契税是在土地、房屋权属发生转移时，对产权承受人征收的一种税。征收契税的主要依据是《契税法》。契税采用比例税率，税率为3%～5%。由省、自治区、直辖市人民政府在规定的幅度内提出，报同级人民代表大会常务委员会决定，并报全国人民代表大会常务委员会和国务院备案。

2．契税的征税对象是转移土地、房屋权属的行为。下列情形发生土地、房屋权属转移的，承受方应当依法缴纳契税：
（1）因共有不动产份额变化的；
（2）因共有人增加或减少的；
（3）因人民法院、仲裁委员会的生效法律文书或者监察机关出具的监察文书等因素，发生土地、房屋权属转移的。

3．有下列行为之一的，免征契税：
（1）国家机关、事业单位、社会团体、军事单位承受土地、房屋用于办公、教学、医疗、科研、军事设施；
（2）非营利性的学校、医疗机构、社会福利机构承受土地、房屋权属用于办公、教学、医疗、科研、养老、救助；

（3）承受荒山、荒地、荒滩土地使用权用于农、林、牧、渔业生产；
（4）婚姻关系存续期间夫妻之间变更土地、房屋权属；
（5）法定继承人通过继承承受土地、房屋权属；
（6）依照法律规定应当予以免税的外国驻华使馆、领事馆和国际组织驻华代表机构承受土地、房屋权属。

1.（单选题）契税的征税对象是（　　）。
A. 交易的双方　　　　　　　　B. 交易双方中的任一方
C. 产权让渡方　　　　　　　　D. 产权承受方
【答案】D
【解析】契税是在土地、房屋权属发生转移时，对产权承受人征收的一种税。
【出处】《房地产交易制度政策》（第四版）P158

核心知识点4：增值税

增值税采用比例税率，税目、税率的调整，由国务院决定。
1. 减税、免税规定。下列项目免征增值税：
（1）农业生产者销售的自产农产品；
（2）避孕药品和用具；
（3）古旧图书；
（4）直接用于科学研究、科学试验和教学的进口仪器、设备；
（5）外国政府、国际组织无偿援助的进口物资和设备；
（6）由残疾人的组织直接进口供残疾人专用的物品；
（7）销售的自己使用过的物品。
除前款规定外，增值税的免税、减税项目由国务院规定。任何地区、部门均不得规定免税、减税项目。
2. 销售及出租不动产时增值税的减税、免税规定：
（1）个人自建自用住房销售时免征增值税；
（2）企业、行政事业单位按房改成本价、标准价出售住房的收入，暂免征收增值税；
（3）公共租赁住房经营管理单位经营公共租赁住房所取得的租金收入，免征增值税；
（4）个人出租住房，减按1.5%的征收率计算缴纳增值税。其他个人采取一次性收取租金形式出租不动产取得的租金收入，可在对应的租赁期内平均分摊，分摊后的月租金收入未超过10万元的，免征增值税；
北京市、上海市、广州市和深圳市之外的地区自2016年5月1日起，个人将购买不足2年的住房对外销售的，按照5%的征收率全额缴纳增值税；个人将购买2年以上（含2年）的住房对外销售的，免征增值税。

1.（单选题）根据财政部、税务总局、海关总署《关于深化增值税改革有关政策的公告》规定，自2019年4月1日起，不动产租赁服务的增值税税率为（　　）。

A. 4%	B. 5%
C. 9%	D. 11%

【答案】C

【解析】自 2019 年 4 月 1 日起，将增值税税率分别调整为 13%、9%、6% 和零税率。其中，纳税人销售基础电信、建筑、不动产租赁服务，销售不动产，转让土地使用权等，税率为 9%。

【出处】《房地产交易制度政策》（第四版）P165

核心知识点 5：个人所得税

个人所得税的纳税人分为居民个人和非居民个人。

个人取得的下列所得，应缴纳个人所得税：

（1）工资、薪金所得；

（2）劳务报酬所得；

（3）稿酬所得；

（4）特许权使用费所得；

（5）经营所得；

（6）利息、股息、红利所得；

（7）财产租赁所得；

（8）财产转让所得；

（9）偶然所得。

居民个人取得上述第（1）项至第（4）项所得（以下称综合所得），按纳税年度合并计算个人所得税；非居民个人取得上述第（1）项至第（4）项所得，按月或者按次分项计算个人所得税。纳税人取得上述第（5）项至第（9）项所得，依照规定分别计算个人所得税。

财产租赁所得、财产转让所得的个人所得税，适用比例税率，税率为 20%。

个人所得税以所得人为纳税义务人，以支付所得的单位或者个人为扣缴义务人。

1. （单选题）房屋买卖中，个人所得税的缴纳主体应为（　　）。

A. 房屋出卖人	B. 房屋买受人
C. 房地产经纪机构	D. 房屋出卖人或房屋买受人

【答案】A

【解析】财产转让所得应缴纳个人所得税，所以在房屋买卖中，个人所得税的缴纳主体应为房屋出卖人。

【出处】《房地产交易制度政策》（第四版）P172

核心知识点 6：企业所得税

企业所得税是指对中华人民共和国境内的企业（居民企业及非居民企业）和其他取得

收入的组织以其生产经营所得为征税对象所征收的一种所得税。

企业的应纳税所得额乘以适用税率，减除根据《企业所得税法》关于税收优惠的规定减免和抵免的税额后的余额，为应纳税额。

企业取得下列所得已在境外缴纳的所得税税额，可以从其当期应纳税额中抵免，抵免限额为该项所得依照《企业所得税法》规定计算的应纳税额；超过抵免限额的部分，可以在以后5个年度内，用每年的抵免限额抵免当年应抵税额后的余额进行抵补：

（1）居民企业来源于中国境外的应税所得；

（2）非居民企业在中国境内设立机构、场所，取得发生在中国境外但与该机构、场所有实际联系的应税所得。

企业所得税实行比例税率，税率为25%。非居民企业在中国境内未设立机构、场所的，或者虽设立机构、场所但取得的所得与其所设机构、场所没有实际联系的，就其来源于中国境内的所得纳税，适用税率为20%。2019年4月，新修订的《企业所得税法实施条例》规定，非居民企业取得的该项所得减按10%税率征收企业所得税。

1.（单选题）非居民企业在中国境内未设立机构、场所的，或者虽设立机构、场所但取得的所得与其所设机构场所没有实际联系的，就其来源于中国境内的所得缴纳企业所得税的，适用税率为（　　）。

  A. 33%   B. 25%
  C. 20%   D. 10%

【答案】D

【解析】非居民企业在中国境内未设立机构、场所的，或者虽设立机构、场所但取得的所得与其所设机构、场所没有实际联系的，就其来源于中国境内的所得缴纳企业所得税的，适用税率为20%。2019年4月，新修订的《企业所得税法实施条例》规定，非居民企业取得的该项所得减按10%税率征收企业所得税。

【出处】《房地产交易制度政策》（第四版）P179

核心知识点7：房产税

房产税是以房产为征税对象，向产权所有人征收的一种财产税。

房产税的课税对象是房产，《房产税暂行条例》规定，房产税在城市、县城、建制镇和工矿区范围内征收，房产税的征收范围不包括农村。

房产税采用比例税率，按房产余值计算计征的，税率为1.2%（应纳房产税税额＝房产原值×[1－（10%～30%）]×1.2%；

按照房产租金收入计征的，税率为12%（应纳房产税税额＝房产租金收入×12%）。

1. 部分重要的免征房产税的情形有：

（1）国家机关、人民团体、军队自用的房产。指这些单位自用的办公用房和公务用房。

（2）由国家财政部门拨付事业经费的单位自用的房产。事业单位用房是指这些单位本身业务用房。

（3）个人所有非营业用的房产。

（4）经营公租房的租金收入，免征房产税。公共租赁住房经营管理单位应单独核算公共租赁住房租金收入，未单独核算的，不得享受免征房产税优惠政策。

2. 减征房产税的情形有：对企事业单位、社会团体以及其他组织，按市场价格向个人出租用于居住的住房取得的收入，减按4%的税率征收房产税。

1. （单选题）2019年4月，李某出租非居民居住房屋，月租金为5000元，租期一年，应缴纳房产税为（　　）元。

  A. 720   B. 6000
  C. 600   D. 7200

【答案】D
【解析】按房产租金收入计征的，税率为12%。应纳房产税额＝5000元×12×12%。
【出处】《房地产交易制度政策》（第四版）P181

核心知识点8：土地增值税

1. 土地增值税的征收对象。土地增值税的课税对象是指有偿转让房地产所取得的土地增值额。

2. 计税依据。土地增值税以纳税人转让房地产所取得的土地增值额为计税依据，土地增值税纳税人转让房地产所取得的收入减除扣除项目金额后的余额，为土地增值额。

计算土地增值额的扣除项目：
（1）取得土地使用权所支付的金额；
（2）开发土地的成本、费用；
（3）新建房及配套设施的成本、费用，或者旧房及建筑物的评估价格；
（4）与转让房地产有关的税金；
（5）财政部规定的其他扣除项目。

1. （多选题）当前可以免征土地增值税的情形有（　　）。
  A. 开发企业建造普通标准住宅销售，增值额未超过扣除项目金额20%的
  B. 开发企业销售商铺
  C. 因国家建设依法征收房地产
  D. 企业转让旧房作为保障房源，且增值额未超过扣除项目金额20%的
  E. 因城市实施规划需要而搬迁，由纳税人自行转让原有住宅房地产

【答案】ACDE
【解析】① 纳税人建造普通标准住宅出售，增值额未超过扣除项目金额20%的，免征土地增值税。② 因国家建设需要依法征收、收回的房地产免征土地增值税。因城市实施规划、国家建设的需要而搬迁，由纳税人自行转让原房地产的，免征土地增值税。③ 企事业单位、社会团体以及其他组织转让旧房作为廉租住房、经济适用住房房源且增值额未超过扣除项目金额20%的，免征土地增值税。

【出处】《房地产交易制度政策》(第四版) P188

核心知识点 9：印花税

印花税免税规定：
（1）对经济适用住房经营管理单位与经济适用住房相关的印花税以及经济适用住房购买人涉及的印花税予以免征。
（2）房地产开发企业在商品住房项目中配套建造经济适用住房，如能提供政府部门出具的相关材料，可按经济适用住房建筑面积占总建筑面积的比例免征开发商应缴纳的印花税。
（3）对公租房经营管理单位免征建设、管理公租房涉及的印花税。在其他住房项目中配套建设公租房，按公租房建筑面积占总建筑面积的比例，免征建设、管理公租房涉及的印花税。
（4）对公租房经营管理单位购买住房作为公租房，免征印花税；对公租房租赁双方免征签订租赁协议涉及的印花税。
（5）自 2008 年 3 月 1 日起，对个人出租、承租住房签订的租赁合同，免征印花税。
（6）自 2008 年 11 月 1 日起，对个人销售或购买住房暂免征收印花税。
（7）为支持棚户区改造，对改造安置住房经营管理单位、开发商与改造安置住房相关的印花税以及购买安置住房的个人涉及的印花税予以免征。

核心知识点 10：其他税费

其他税费包含城镇土地使用税、耕地占用税、城市维护建设税和教育费附加：
（1）城镇土地使用税：以城镇土地为课税对象，向拥有土地使用权的单位和个人征收的资源税。
（2）耕地占用税：是对占用耕地建房或者从事其他非农业建设的单位和个人征收的一种特定行为税。
（3）城市维护建设税的纳税义务发生时间与增值税、消费税的纳税义务发生时间一致，是随增值税、消费税附征并专门用于城市维护建设的一种特别目的税。
（4）教育费附加：是承受增值税、消费税附征并专门用于教育的特别目的税。

1. （单选题）城镇土地使用税实行（　　）。
    A. 定额税率　　　　　　　　B. 比例税率
    C. 累进税率　　　　　　　　D. 累推税率
【答案】A
【解析】城镇土地使用税实行分类分级的幅度定额税率。契税、企业所得税采用比例税率，土地增值税采用累进税率，耕地占用税实行定额税率。
【出处】《房地产交易制度政策》(第四版) P193

【真题实测】

一、单选题（每题的备选答案中只有 1 个最符合题意）

1. 个人销售自建自用住房的增值税规定是（   ）。
   A. 减半征收增值税   B. 按 5% 缴纳增值税
   C. 免征增值税   D. 按 11% 缴纳增值税

2. 个人将购买已达到一定期限的普通住房出售时依法可以免征增值税，则该期限最短为（   ）年。
   A. 1   B. 2
   C. 3   D. 4

3. 2018 年 12 月，陈某以 500 万元的售价转让 2010 年 12 月购买的家庭唯一住房，对陈某个人所得税的征收办法是（   ）。
   A. 减半征收   B. 全额征收
   C. 免征   D. 按 10% 征收

4. 个人所有的非营业性房产，其房产税是（   ）。
   A. 减半缴纳   B. 全额缴纳
   C. 在非限购城市免征   D. 免征

5. 下列税收种类中，房屋出租环节不包括的税收是（   ）。
   A. 房产税   B. 契税
   C. 印花税   D. 个人所得税

二、多选题（每题的备选答案中有 2 个或 2 个以上符合题意）

6. 增值税的征税对象有（   ）。
   A. 占用耕地   B. 不动产租赁服务
   C. 承受资产   D. 转让土地使用权
   E. 销售不动产

7. 对印花税予以免征的房地产交易行为有（   ）。
   A. 个人转让家庭唯一住房   B. 个人购买经济适用住房
   C. 个人承租住房   D. 经营管理单位出租公共租赁住房
   E. 个人购买临街商铺

【真题实测答案及解析】

1.【答案】C
【解析】个人销售自建自用住房，免征增值税。
【出处】《房地产交易制度政策》（第四版）P169

2.【答案】B
【解析】个人将购买 2 年以上（含 2 年）的普通住房对外销售的，免征增值税。
【出处】《房地产交易制度政策》（第四版）P171

3.【答案】C
【解析】对个人转让自用 5 年以上，并且是家庭唯一生活用房取得的所得，免征个人所得税。

【出处】《房地产交易制度政策》(第四版) P177

4.【答案】D

【解析】个人所有非营业用的房产免征房产税。

【出处】《房地产交易制度政策》(第四版) P183

5.【答案】B

【解析】契税是在土地、房屋权属发生转移时，对产权承受人征收的一种税。

【出处】《房地产交易制度政策》(第四版) P158

6.【答案】BDE

【解析】增值税征税对象包括：① 销售服务；② 销售无形资产，是指有偿转让无形资产所有权或使用权的业务活动；③ 销售不动产，是指有偿转让不动产所有权的业务活动。

【出处】《房地产交易制度政策》(第四版) P164

7.【答案】ABCD

【解析】印花税免税规定：① 对经济适用住房经营管理单位与经济适用住房相关的印花税以及经济适用住房购买人涉及的印花税予以免征。② 房地产开发企业在商品住房项目中配套建造经济适用住房，如能提供政府部门出具的相关材料，可按经济适用住房建筑面积占总建筑面积的比例免征开发商应缴纳的印花税。③ 对公租房经营管理单位免征建设、管理公租房涉及的印花税。在其他住房项目中配套建设公租房，按公租房建筑面积占总建筑面积的比例，免征建设、管理公租房涉及的印花税。④ 对公租房经营管理单位购买住房作为公租房，免征印花税；对公租房租赁双方免征签订租赁协议涉及的印花税。⑤ 自2008年3月1日起，对个人出租、承租住房签订的租赁合同，免征印花税。⑥ 自2008年11月1日起，对个人销售或购买住房暂免征收印花税。⑦ 为支持棚户区改造，对改造安置住房经营管理单位、开发商与改造安置住房相关的印花税以及购买安置住房的个人涉及的印花税予以免征。

【出处】《房地产交易制度政策》(第四版) P191～P192

【章节小测】

一、单选题（每题的备选答案中只有1个最符合题意）

1. 税收的特征不包括（   ）。
   A. 强制性　　　　　　　　B. 公益性
   C. 无偿性　　　　　　　　D. 固定性

2. 根据征税对象性质的不同，下列各选项中，不属于税种的是（   ）。
   A. 行为目的税　　　　　　B. 收益税
   C. 增值税　　　　　　　　D. 财产税

3. 契税是在土地、房屋权属发生转移时，对（   ）征收的一种税。
   A. 交易的双方　　　　　　B. 交易双方中的任一方
   C. 产权让渡方　　　　　　D. 产权承受方

4. 房屋交换的契税计税依据是（   ）。
   A. 交换价格的差额　　　　B. 交换价格中的较低值

C. 交换价格之和　　　　　　　　D. 交换价格中的较高值

5. 下列税收种类中，房屋出租环节不包括的税收是（　　）。
   A. 房产税　　　　　　　　　　B. 契税
   C. 印花税　　　　　　　　　　D. 个人所得税

6. 下列行为中，应缴纳契税的是（　　）。
   A. 中国公民受让美国的一套住房　　B. 某医院承受房产用于医疗
   C. 张某以受赠方式取得一套房屋　　D. 王某继承父母名下的房屋

7. 下列情形中，可以免征契税的是（　　）。
   A. 李某购买一套经济适用住房
   B. 王某根据姑姑的遗嘱继承了其房产
   C. 婚姻关系存续期间，张某将其婚前购买的一套房产变更为夫妻双方共有
   D. 某国企职工购买家庭唯一住房，面积为 $70m^2$，为一套普通商品住房

二、多选题（每题的备选答案中有 2 个或 2 个以上符合题意）

8. 下列行为中，免征契税的情形有（　　）。
   A. 法定继承人继承房屋　　　　B. 祖父母赠与孙女住房
   C. 事业单位购买办公楼　　　　D. 因地震住房灭失重新购买住房
   E. 非法定继承人根据遗嘱承受房屋

9. 下列关于契税的纳税环节和纳税期限的说法，正确的有（　　）。
   A. 纳税义务发生在纳税人签订土地、房屋权属转移合同的当天
   B. 纳税义务发生在纳税人签订土地、房屋权属转移合同的次日
   C. 纳税环节是在纳税义务发生以后，办理契证或房屋产权证之前
   D. 纳税人应当自纳税义务发生之日起 15 日内办理纳税申报
   E. 纳税人应当在依法办理土地、房屋权属登记手续前申报缴纳契税。

【章节小测答案及解析】

1. 【答案】B
【解析】税收的特征，包括强制性、无偿性和固定性。
【出处】《房地产交易制度政策》（第四版）P154

2. 【答案】C
【解析】根据征税对象性质的不同，全部税种可分为 5 大类：流转税、收益税、财产税、资源和行为目的税。
【出处】《房地产交易制度政策》（第四版）P155

3. 【答案】D
【解析】契税是在土地、房屋权属发生转移时，对产权承受人征收的一种税。
【出处】《房地产交易制度政策》（第四版）P158

4. 【答案】A
【解析】土地使用权交换、房屋交换是以交换的价格差额为计税依据。
【出处】《房地产交易制度政策》（第四版）P159

5. 【答案】B

【解析】房屋出租的税收，有房产税，增值税及城市维护建设税、教育费附加，企业所得税，个人所得税，印花税。契税的征税对象是发生产权转移的土地、房屋，所以房屋出租不需缴纳契税。

【出处】《房地产交易制度政策》(第四版) P157

6.【答案】C

【解析】征收契税的土地、房屋权属，具体为土地使用权、房屋所有权。转移土地、房屋权属是指下列行为：① 土地使用权出让；② 土地使用权转让，包括出售、赠与和互换；③ 房屋买卖；④ 房屋赠与；⑤ 房屋互换。以作价投资（入股）偿还债务、划转、奖励等方式转移土地、房屋权属的，应当按规定征收契税。

【出处】《房地产交易制度政策》(第四版) P158～P159

7.【答案】C

【解析】婚姻关系存续期间夫妻之间变更土地、房屋权属的免征契税。城镇职工按规定第一次购买公有住房的，免征契税。

【出处】《房地产交易制度政策》(第四版) P161～P162

8.【答案】ACD

【解析】契税减免规定：国家机关、事业单位、社会团体、军事单位承受土地、房屋用于办公教学、医疗、科研和军事设施的，免征契税；城镇职工按规定第一次购买公有住房的，免征契税；因不可抗力灭失住房而重新购买住房的，酌情准予减征或者免征契税。

【出处】《房地产交易制度政策》(第四版) P160

9.【答案】ACE

【解析】契税纳税义务发生时间，为纳税人签订土地、房屋权属转移合同的当日，或者纳税人取得其他具有土地、房屋权属转移合同性质凭证的当日。

纳税环节是在纳税义务发生以后，办理不动产权证之前。按照《契税法》，纳税人应当在依法办理土地、房屋权属登记手续前申报缴纳契税。

【出处】《房地产交易制度政策》(第四版) P160

第八章 不动产登记相关制度政策

【章节导引】

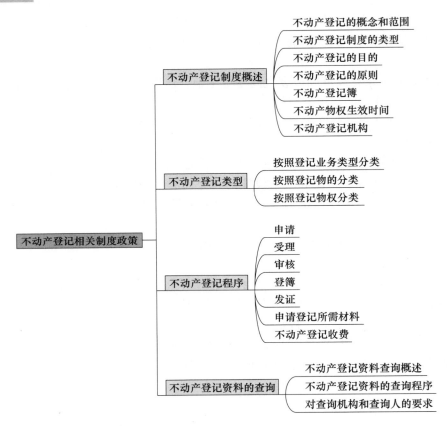

【章节核心知识点】

核心知识点 1：不动产登记概述

1. 不动产登记的概念。《民法典》规定，国家对不动产实行统一登记制度。不动产物权的设立、变更、转让和消灭，经依法登记发生效力；未经登记，不发生效力，但是法律另有规定的除外。不动产登记是指不动产登记机构依法将不动产权利归属和其他法定事项记载于登记簿的行为，是将不动产权利现状、权利变动情况以及其他相关事项记载在不动产登记簿上予以公示的行为，是一种不动产物权的公示方式。

2. 不动产登记的范围。不动产登记的范围是：

（1）土地，包括耕地、林地、草地、荒地、水域、滩涂、建设用地、宅基地、无居民海岛以及因自然淤积和人工填海、填湖形成的土地等；

（2）定着于地表、地上或者地下的建筑物、构筑物以及特定空间；

（3）海域以及海上建筑物、构筑物；

（4）森林和林木；

（5）矿产资源、水资源；

（6）法律、行政法规规定的可以登记的其他不动产。

具体来说，需要登记的不动产物权包括：集体土地所有权；房屋等建筑物、构筑物所有权；森林、林木所有权；耕地、林地、草地等土地承包经营权；建设用地使用权；宅基地使用权；海域使用权；地役权；居住权；抵押权和法律规定需要登记的其他不动产权利。《民法典》规定，依法属于国家所有的自然资源，所有权可以不登记，故国有土地所有权无须申请登记。

3. 不动产登记的类型：契据登记制、产权登记制（权利登记制、托伦斯登记制）。

1. （单选题）不动产物权的公示方式是（   ）。
   A. 登记   B. 发证
   C. 占有   D. 交付

【答案】A

【解析】不动产登记是将不动产权利现状、权利变动情况以及其他相关事项记载在不动产登记簿上予以公示的行为，是一种不动产物权的公示方式。

【出处】《房地产交易制度政策》（第四版）P199

2. （多选题）世界各国实行的主要土地登记制度有（   ）。
   A. 权利登记制   B. 科斯登记制
   C. 契据登记制   D. 詹姆斯登记制
   E. 托伦斯登记制

【答案】ACE

【解析】各国不动产登记制度分为契据登记制和产权登记制两大类型。产权登记制分为权利登记制和托伦斯登记制两种。

【出处】《房地产交易制度政策》（第四版）P200

核心知识点2：不动产登记的目的

国家实施不动产登记的目的，具体来说有以下几方面：

（1）保护不动产权利人的合法权益；

（2）维护不动产交易安全；

（3）利于国家对不动产进行管理、征收赋税和进行宏观调控。

1. （单选题）国家实施不动产登记的目的不包括（   ）。
   A. 保护不动产权利人的合法权益   B. 维护不动产交易安全
   C. 监督房地产经纪机构的行为   D. 利于国家对不动产进行管理

【答案】C
【解析】国家实施不动产登记的目的，具体来说有以下几方面：① 保护不动产权利人的合法权益；② 维护不动产交易安全；③ 利于国家对不动产进行管理、征收赋税和进行宏观调控。
【出处】《房地产交易制度政策》（第四版）P201

核心知识点3：不动产登记簿

（1）不动产单元。作为不动产登记的基本单位，不动产单元一般具备明确的界址或界线、地理空间上的确定性与唯一性、独立的使用价值等三个特征。土地以宗地为登记单元，房屋以基本单元为登记单元。

（2）不动产登记簿。《民法典》规定，不动产物权的设立、变更、转让和消灭，依照法律规定应当登记的，自记载于不动产登记簿时发生效力；不动产登记簿是物权归属和内容的根据。可见，不动产登记簿既要反映不动产的自然状况，还要反映其上建立的各类法律关系所导致物权变动的结果，在不动产统一登记制度中处于核心地位。

（3）不动产登记簿记载事项。主要分为：不动产的自然状况、权属状况、不动产权利限制与提示事项以及其他事项。

1. （单选题）根据《民法典》，确定物权归属和内容的依据是（　　）。
   A. 不动产权属证书　　　　　　　B. 他项权证书
   C. 不动产登记证明　　　　　　　D. 不动产登记簿

【答案】D
【解析】不动产登记簿是物权归属和内容的根据。
【出处】《房地产交易制度政策》（第四版）P203

核心知识点4：不动产物权生效时间

不动产物权生效情形分为法定生效、事实行为成就时生效和登记生效三种情形。

（1）法定生效。根据法律规定物权生效。《民法典》第二百四十九条规定，城市的土地属于国家所有。法律规定属于国家所有的农村和城市郊区的土地，属于国家所有。因此，通过立法形式直接公示土地所有权属于国家所有，无需再通过登记的方式来公示所有权的归属。

（2）事实行为成就时生效。为及时明确物权的归属，《民法典》第二百二十九条、第二百三十条、第二百三十一条规定，依据人民法院、仲裁委员会的法律文书或者人民政府的征收决定设立、变更、转让或者消灭物权；继承取得房地产；合法建造取得房屋所有权、拆除房屋注销所有权，自事实行为成就时生效，不以登记为生效条件。但需要注意的是，根据《民法典》第二百三十二条规定，上述事实行为成就时取得物权后，再处分上述物权时，依照法律规定需要先办理登记，再进行处分，才能发生物权效力。

（3）登记生效。不动产物权登记生效的情形主要有：买卖、交换、赠与、分割房地产登记；建设用地使用权和不动产抵押权的设立，应当登记，不登记不发生物权变动效力；设立居住权，应当申请居住权登记，居住权自登记时设立；除依据法律文书、人民政府的征收决定和拆除房屋事实行为外，已登记房地产权利的变更、更正、注销应当登记等。

（4）合同成立生效。合同成立生效即合同生效时物权设立。《民法典》中明确的合同生效时物权设立的，包括土地承包经营权和地役权。

1．（单选题）李某父亲于2018年5月4日死亡；5月20日登记机构受理李某的继承房屋登记申请，5月22日将申请登记事项记载于登记簿；5月23日李某领取不动产权证书。李某取得该房屋所有权的时间是2018年（　　）。
A．5月4日
B．5月20日
C．5月22日
D．5月23日

【答案】A
【解析】《民法典》规定了几种事实行为发生未经登记，物权也生效的情形：依据人民法院、仲裁委员会的法律文书或者人民政府的征收决定设立、变更、转让或者消灭物权；继承取得房地产；合法建造取得房屋所有权、拆除房屋注销所有权，自事实行为成就时生效，不以登记为生效条件。
【出处】《房地产交易制度政策》（第四版）P204

核心知识点5：不动产登记类型

按照登记的业务类型可分为首次登记、变更登记、转移登记、注销登记、更正登记、异议登记、查封登记、预告登记、抵押权登记。按照登记物的类型可分为土地登记、房屋登记、林权登记、海域登记等。按照登记物权的类型可分为所有权登记和他项权利登记。

分类标准	登记类型	说明
按业务类型分类	首次登记	不动产权利第一次记载于不动产登记簿，主要包括实践中的总登记和初始登记
	变更登记	不动产权利人主体不变情况下，因不动产权利人的姓名、名称或者不动产坐落等发生变更而进行的登记
	转移登记	因不动产权利人发生改变而进行的登记。适用的情形有：买卖、互换、赠与、继承不动产的；以不动产作价出资（入股）的；不动产分割、合并导致权利发生转移的；法人或者其他组织因合并、分立等原因致使不动产权利发生转移的；共有人增加或者减少以及共有不动产份额变化的；继承、受遗赠导致权利发生转移的
	注销登记	主要包括申请注销登记和嘱托注销登记两种
	更正登记	登记机构根据当事人的申请或者依职权对登记簿的错误记载事项进行更正的登记
	异议登记	事实上的权利人以及利害关系人对不动产登记簿记载的权利所提出异议，并向登记机构申请的登记
	预告登记	商品房等不动产预售的；不动产买卖、抵押的；以预购商品房设定抵押权的；法律、行政法规规定的其他情形
	查封登记	不动产登记机构按照人民法院生效法律文书和协助执行通知书，配合人民法院对指定不动产在不动产登记簿上予以注记，以限制权利人处分被查封的不动产的行为
	抵押权登记	分为一般抵押权登记和最高额抵押权登记

续表

分类标准	登记类型	说明
按照登记物的分类	土地登记	如集体土地所有权登记、国有建设用地所有权登记、集体建设用地使用权登记、宅基地使用权登记、土地使用权抵押权登记等
	房屋登记	如房屋所有权登记、房屋抵押权登记、预购商品房预告登记
	林地登记	不动产登记机构依法对森林、林木和林地权利及相关事项在不动产登记簿上予以记载的行为
	海域登记	不动产登记机构依法对海域权利及相关事项在不动产登记簿上予以记载的行为
按照登记物权分类	所有权登记	不动产登记机构依法将不动产所有权及相关事项在不动产登记簿上予以记载的行为
	他项权利登记	不动产登记机构依法将用益物权和担保物权等他项权利及相关事项在不动产登记簿上予以记载的行为

1．（多选题）按照登记物权的类型，不动产登记可分为（　　）。
   A．首次登记　　　　　　　　B．更正登记
   C．林权登记　　　　　　　　D．所有权登记
   E．他项权利登记
【答案】DE
【解析】按照登记物权的类型可分为所有权登记和他项权利登记。
【出处】《房地产交易制度政策》（第四版）P177

2．（单选题）夫妻双方结婚前，男方名下有一套房地产，结婚后想要加上女方的名字，需要去不动产登记机构办理（　　）。
   A．变更登记　　　　　　　　B．更正登记
   C．转移登记　　　　　　　　D．首次登记
【答案】C
【解析】转移登记适用的情形包括：买卖、继承、遗赠、赠与、互换不动产的；共有人增加或者减少以及共有不动产份额变化的。
【出处】《房地产交易制度政策》（第四版）P178

3．（单选题）异议登记申请人应当在异议登记之日起（　　）日内，提交受理通知书等提起诉讼的材料。
   A．10　　　　　　　　　　　B．15
   C．20　　　　　　　　　　　D．30
【答案】B
【解析】异议登记申请人应当在异议登记之日起15日内，提交人民法院受理通知书、仲裁委员会受理通知书等提起诉讼、申请仲裁的材料。
【出处】《房地产交易制度政策》（第四版）P179

4．（单选题）不动产登记机构依法将土地权利及相关事项在不动产登记簿上予以记载的行为是（　　）。
   A．土地登记　　　　　　　　B．房屋登记

C. 预告登记　　　　　　　　D. 首次登记

【答案】A

【解析】土地登记是指不动产登记机构依法将土地权利及相关事项在不动产登记簿上予以记载的行为。

【出处】《房地产交易制度政策》（第四版）P181

5.（单选题）集体建设用地使用权登记属于（　　）。

A. 土地登记　　　　　　　　B. 房屋登记
C. 林权登记　　　　　　　　D. 海域登记

【答案】A

【解析】土地登记包括集体土地所有权登记、国有建设用地使有权登记、集体建设用地使用权登记、宅基地使用权登记、土地使用权抵押权登记等。

【出处】《房地产交易制度政策》（第四版）P181

6.（单选题）不动产他项权利登记需要在登记簿上记载的权利不包括（　　）。

A. 用益物权　　　　　　　　B. 不动产所有权
C. 担保物权　　　　　　　　D. 抵押权

【答案】B

【解析】不动产他项权利登记是指不动产登记机构依法将用益物权和担保物权等他项权利及相关事项在不动产登记簿上予以记载的行为。

【出处】《房地产交易制度政策》（第四版）P181

核心知识点6：不动产登记程序

办理不动产登记，要经过申请、受理、审核、登簿和发证等程序。

1.（多选题）下列程序中，属于办理不动产登记程序的有（　　）。

A. 申请　　　　　　　　　　B. 受理
C. 评估　　　　　　　　　　D. 审核
E. 发证

【答案】ABDE

【解析】办理不动产登记，要经过申请、受理、审核、登簿和发证等程序。

【出处】《房地产交易制度政策》（第四版）P211

小知识点1：不动产登记程序——申请

需要向不动产登记机构提交：登记申请书；申请人、代理人身份证明材料、授权委托书；相关的不动产权属来源证明材料、登记原因证明文件、不动产权属证书；不动产界址、空间界限、面积等材料；与他人利害关系的说明材料；法律、行政法规规定的其他材料，并对申请材料的真实性负责。

因买卖、设定抵押权等申请不动产登记的，应由当事人双方共同申请。下列情形可以由当事人单方申请：

（1）尚未登记的不动产首次申请登记的；
（2）继承、接受遗赠取得不动产权利的；
（3）人民法院、仲裁委员会生效的法律文书或者人民政府生效的决定等设立、变更、转让、消灭不动产权利的；
（4）权利人姓名、名称或者自然状况发生变化，申请变更登记的；
（5）不动产灭失或者权利人放弃不动产权利，申请注销登记的；
（6）申请更正登记或者异议登记的；
（7）预售人未按约定与预购人申请预购商品房预告登记，预购人申请预告登记的；
（8）法律、行政法规规定的可以由当事人单方申请的其他情形。

1.（单选题）以下情形中，须由当事人双方共同申请不动产登记的为（   ）。
   A. 申请异议登记的   B. 继承取得不动产权利的
   C. 不动产设定抵押权的   D. 尚未登记的不动产首次申请登记的

【答案】C
【解析】双方共同申请，是指不动产物权变动的双方当事人共同向不动产登记机构申请登记，主要适用于因法律行为而产生物权变动的情形，如房屋买卖、交换、赠与、抵押等。
【出处】《房地产交易制度政策》（第四版）P211

小知识点2：不动产登记程序——审核

不动产登记机构在受理不动产登记申请后，应就不动产界址、空间界限、面积等材料与申请登记的不动产状况是否一致；有关证明材料、文件与申请登记的内容是否一致；登记申请是否违反法律，行政法规规定等方面进行查验。

对房屋等建筑物、构筑物所有权首次登记，在建建筑物抵押权登记，因不动产灭失导致的注销登记，以及不动产登记机构认为需要实地查看的情形，不动产登记机构应当实地查看。

除涉及国家秘密的情形外，有下列情形之一的，不动产登记机构应当在登记事项记载于登记簿前进行公告：
（1）政府组织的集体土地所有权登记；
（2）宅基地使用权及房屋所有权，集体建设用地使用权及建筑物、构筑物所有权，土地承包经营权等不动产权利的首次登记；
（3）依职权更正登记；
（4）依职权注销登记；
（5）法律法规规定的其他情形。
公告期不少于15个工作日。

1.（单选题）不动产登记机构在受理登记申请后，应当审核的内容不包括（   ）。
   A. 不动产面积等材料   B. 有关证明文件
   C. 申请人家庭状况   D. 登记申请是否违反法律法规

【答案】C

【解析】不动产登记机构在受理不动产登记申请后,应就不动产界址、空间界限、面积等材料与申请登记的不动产状况是否一致;有关证明材料、文件与申请登记的内容是否一致;登记申请是否违反法律,行政法规规定等方面进行查验。

【出处】《房地产交易制度政策》(第四版)P213

小知识点3:不动产登记程序——登簿发证

登簿:登记事项自记载于不动产登记簿时完成登记。

不动产登记机构完成登记,应当依法向申请人核发不动产权属证书或者登记证明。不动产权属证书是权利人享有不动产物权的证明。

一般来说,实体性权利的登记,应当发放权属证书,包括抵押权、地役权。登记证明发放的情形主要是预告登记和异议登记。需注意的是,查封登记和注销登记,既不需要发放权利证书,也不需要发放登记证明。

除法律法规另有规定的外,不动产登记机构应当自受理登记申请之日起30个工作日内办结不动产登记手续。

1.(单选题)需要发放不动产权属证书的登记是(　　)。
　　A. 预告登记　　　　　　　　B. 抵押权登记
　　C. 查封登记　　　　　　　　D. 注销登记

【答案】B

【解析】集体土地所有权,房屋等建筑物、构筑物所有权,森林、林木所有权,土地承包经营权,建设用地使用权,宅基地使用权,海域使用权等不动产权利登记,核发不动产权证书;抵押权登记、居住权登记、地役权登记和预告登记、异议登记,核发不动产登记证明。已经发放的不动产权证书或者不动产登记证明记载事项与不动产登记簿不一致的,除有证据证实不动产登记簿确有错误外,以不动产登记簿为准。

【出处】《房地产交易制度政策》(第四版)P215

2.(多选题)下列登记类型中,需要发放登记证明的是(　　)。
　　A. 预告登记　　　　　　　　B. 抵押权登记
　　C. 注销登记　　　　　　　　D. 异议登记
　　E. 查封登记

【答案】AD

【解析】集体土地所有权,房屋等建筑物、构筑物所有权,森林、林木所有权,土地承包经营权,建设用地使用权,宅基地使用权,海域使用权等不动产权利登记,核发不动产权证书;抵押权登记、居住权登记、地役权登记和预告登记、异议登记,核发不动产登记证明。已经发放的不动产权证书或者不动产登记证明记载事项与不动产登记簿不一致的,除有证据证实不动产登记簿确有错误外,以不动产登记簿为准。

【出处】《房地产交易制度政策》(第四版)P215

3.(单选题)不动产登记机构应当自受理登记申请之日起(　　)个工作日办结不动产登记手续。

A. 15　　　　　　　　　　　　B. 30
C. 60　　　　　　　　　　　　D. 90

【答案】B

【解析】除法律法规另有规定的外，不动产登记机构应当自受理登记申请之日起30个工作日内办结不动产登记手续。

【出处】《房地产交易制度政策》（第四版）P215

小知识点4：不动产登记收费

规划用途为住宅的房屋及其建设用地使用权登记收费标准为每件80元；非住宅类不动产登记收费标准为每件550元；对申请办理车库、车位、储藏室不动产登记，单独核发不动产权属证书或登记证明的，不动产登记费减按住宅类不动产登记每件80元收取。申请人以一个不动产单元提出一项不动产权利的登记申请，并完成一个登记类型登记的为一件。不动产登记机构按规定核发一本不动产权属证书免收证书工本费。向一个以上不动产权利人核发权属证书的，每增加一本证书加收证书工本费10元。

减半收取登记费的情形有：申请不动产更正登记、异议登记的；不动产权利人姓名、名称、身份证明类型或者身份证明号码发生变更申请变更登记的；同一权利人因分割、合并不动产申请变更登记的；以及国家法律、法规规定予以减半收取的。

不收取登记费的情形有：查封登记、注销登记、预告登记和因不动产登记机构错误导致更正登记的，不收取登记费。

1．（单选题）规划用途为住宅的房屋登记收费标准为每件（　　　）元。

A. 0　　　　　　　　　　　　B. 10
C. 80　　　　　　　　　　　 D. 550

【答案】C

【解析】规划用途为住宅的房屋及其建设用地使用权登记收费标准为每件80元。

【出处】《房地产交易制度政策》（第四版）P219

核心知识点7：不动产登记资料查询概述

《不动产登记暂行条例》规定，权利人、利害关系人可以依法查询、复制登记资料，不动产登记机构应当提供。其中"权利人"是指不动产的登记权利人，即在不动产登记簿上记载的不动产物权的归属人，如房屋所有权人、房屋抵押权人、地役权人、建设用地使用权人等。权利人可以自己申请查询、复制不动产登记资料，也可以委托律师或者其他代理人查询、复制不动产登记资料。"利害关系人"是指与登记的不动产具有法律上的利害关系之人，它不仅包括交易的当事人，也包括与登记权利人发生其他法律纠纷的第三人。《不动产登记资料查询暂行办法》对利害关系人查询明确规定，对因买卖、互换、赠与、租赁、抵押不动产，以及因不动产存在民事纠纷且已经提起诉讼、仲裁构成利害关系的利害关系人，可以查询不动产登记结果。

1.（多选题）在不动产登记资料的查询过程中，对查询人的要求有（   ）。
   A．按规定提交查询材料   B．在指定场所查询
   C．不得毁坏登记资料   D．保守国家机密
   E．不得泄露不动产登记信息

【答案】ABCD
【解析】对查询人的要求：① 按规定提交查询材料；② 在指定场所查询；③ 不得毁坏登记资料；④ 保守国家机密。
【出处】《房地产交易制度政策》（第四版）P222

【真题实测】

一、单选题（每题的备选答案中只有 1 个最符合题意）
1．土地的登记单元是（   ）。
   A．楼幢   B．房屋基本单元
   C．宗地   D．街区
2．因房屋买卖构成利害关系的，受让人可以向不动产登记机构提交（   ），申请查询房屋权属。
   A．房屋租赁合同   B．房屋买卖合同
   C．房地产经纪服务合同   D．转让方的不动产权证
3．王某名下有其父母为其购买的住房一处，后王某父母离婚，王某随母亲臧某生活，并改随母亲姓，此时拟申请办理的不动产登记的是（   ）。
   A．变更登记   B．异议登记
   C．转移登记   D．注销登记
4．下列房屋状况发生变化的情形中，属于应申请办理变更登记的是（   ）。
   A．拍卖房屋   B．交换房屋
   C．离婚分割房屋   D．扩建房屋
5．根据《物权法》，经依法设立的不动产物权发生效力的起始时间是（   ）。
   A．合同成立时   B．登记机构受理登记时
   C．记载于不动产登记簿时   D．登记机构颁发权利证书时

二、多选题（每题的备选答案中有 2 个或 2 个以上符合题意）
6．因房屋买卖申请不动产转移登记时，需要提交的材料包括（   ）。
   A．房屋竣工证明材料   B．申请人身份证明
   C．不动产权属证书   D．买卖合同
   E．登记申请书

【真题实测答案及解析】

1．【答案】C
【解析】《不动产登记暂行条例实施细则》中规定，不动产登记簿以宗地或者宗海为单位编成。

【出处】《房地产交易制度政策》(第四版) P204

2. 【答案】B

【解析】因买卖、互换、赠与、租赁、抵押不动产构成利害关系的,提交买卖合同、互换合同、赠与合同、租赁合同、抵押合同。

【出处】《房地产交易制度政策》(第四版) P221

3. 【答案】A

【解析】权利人姓名或者名称变更的情形适用变更登记。

【出处】《房地产交易制度政策》(第四版) P207

4. 【答案】D

【解析】不动产坐落、名称、用途、面积等自然状况变更的,申请变更登记。

【出处】《房地产交易制度政策》(第四版) P207

5. 【答案】C

【解析】《物权法》规定,不动产物权的设立、变更、转让和消灭,依照法律规定应当登记的,自记载于登记簿时发生效力。

【出处】《房地产交易制度政策》(第四版) P199

6. 【答案】BCDE

【解析】申请国有建设用地使用权和房屋所有权转移登记的,应当根据不同情况,提交下列资料:① 不动产登记申请书;② 申请人身份证明;③ 不动产权属证书;④ 买卖合同;⑤ 继承或者受遗赠的材料;⑥ 分割、合并协议;⑦ 人民法院或者仲裁委员会生效的法律文书;⑧ 有批准权的人民政府或者主管部门的批准文件;⑨ 相关税费缴纳凭证;⑩ 其他必要材料。

【出处】《房地产交易制度政策》(第四版) P215

【章节小测】

一、单选题(每题的备选答案中只有 1 个最符合题意)

1. 王某自建的房屋已办理了房屋所有权登记,因生活需要,王某依法在原房屋上加建了一层,房屋面积增加了 100 m²。则王某应当向不动产登记机构申请(   )。

  A. 更正登记   B. 变更登记
  C. 转移登记   D. 首次登记

2. 利害关系人认为不动产登记簿记载的事项错误,权利人不同意更正的,利害关系人可以申请(   )。

  A. 变更登记   B. 更正登记
  C. 转移登记   D. 异议登记

3. 下列情形中,属于不动产嘱托注销登记的是(   )。

  A. 依法收回国有土地、海域等不动产权利的
  B. 因自然灾害导致不动产灭失的
  C. 权利人放弃不动产权利的
  D. 不动产权利终止的

4. 下列情形中,当事人不能申请预告登记的是(   )。

A．签订商品房购买意向书 B．预购商品房
C．房屋买卖 D．房屋所有权抵押

5．预告登记后，未经预告登记的权利人同意处分该不动产的，不发生（　　）效力。
A．登记 B．物权
C．债权 D．出让

6．为保全一项以将来发生的不动产物权变动为目的的请求的不动产登记是（　　）。
A．预告登记 B．变更登记
C．更正登记 D．异议登记

7．不动产登记机构应当在登记事项记载于登记簿前进行公告的情形不包括（　　）。
A．政府组织的集体土地所有权登记 B．依职权更正登记
C．依职权注销登记 D．涉及国家秘密的登记

8．经济适用住房办理不动产登记，登记收费为（　　）。
A．0 B．10元
C．80元 D．550元

9．申请不动产异议登记时，登记费可以（　　）。
A．减半收取 B．免收取
C．只收取不动产权属证书工本费 D．原价收取

二、多选题（每题的备选答案中有2个或2个以上符合题意）

10．申请土地和房屋抵押权转移登记，应提交的材料有（　　）。
A．登记申请书 B．申请人身份证明
C．证明发生变更的材料 D．不动产权属证书
E．被担保主债权的转让协议

【章节小测答案及解析】

1．【答案】B
【解析】适用变更登记的主要情形包括：权利人姓名或者名称变更的；不动产坐落、名称、用途、面积等自然状况变更的。
【出处】《房地产交易制度政策》（第四版）P207

2．【答案】D
【解析】利害关系人认为不动产登记簿记载的事项错误，权利人不同意更正的，利害关系人可以申请异议登记。
【出处】《房地产交易制度政策》（第四版）P209

3．【答案】A
【解析】不动产注销登记包括申请注销登记和嘱托注销登记两种情形。申请注销登记的情形主要包括：因自然灾害等原因导致不动产灭失的；权利人放弃不动产权利的；抵押权实现的；法律、行政法规规定的其他情形。嘱托注销登记的情形主要包括：依法收回国有土地、海域等不动产权利的；不动产被依法征收、没收的；人民法院、仲裁委员会的生效法律文书导致原不动产权利消灭的；法律、行政法规规定的其他情形。
【出处】《房地产交易制度政策》（第四版）P208

4.【答案】A

【解析】有下列情形之一的,当事人可以按照约定申请不动产预告登记:一是商品房等不动产预售的;二是不动产买卖、抵押的;三是以预购商品房设定抵押权的;四是法律、行政法规规定的其他情形。

【出处】《房地产交易制度政策》(第四版)P209

5.【答案】B

【解析】预告登记后,未经预告登记的权利人同意,处分该不动产的,不发生物权效力。

【出处】《房地产交易制度政策》(第四版)P209

6.【答案】A

【解析】预告登记是指为保全一项以将来发生的不动产物权变动为目的的请求权的不动产登记。

【出处】《房地产交易制度政策》(第四版)P209

7.【答案】D

【解析】除涉及国家秘密的情形外,有下列情形之一的,不动产登记机构应当在登记事项记载于登记簿前进行公告:①政府组织的集体土地所有权登记;②宅基地使用权及房屋所有权,集体建设用地使用权及建筑物、构筑物所有权,土地承包经营权等不动产权利的首次登记;③依职权更正登记;④依职权注销登记;⑤法律法规规定的其他情形。

【出处】《房地产交易制度政策》(第四版)P214

8.【答案】A

【解析】廉租住房、公共租赁住房、经济适用住房和棚户区改造安置住房所有权及其建设用地使用权办理不动产登记,登记收费标准为零。

【出处】《房地产交易制度政策》(第四版)P219

9.【答案】A

【解析】减半收取登记费的情形有:申请不动产更正登记、异议登记的;不动产权利人姓名、名称、身份证明类型或者身份证明号码发生变更申请变更登记的;同一权利人因分割、合并不动产申请变更登记的;以及国家法律、法规规定予以减半收取的。

【出处】《房地产交易制度政策》(第四版)P219

10.【答案】ABDE

【解析】申请土地和房屋抵押权转移登记的,应提交下列材料:①不动产登记申请书。②申请人身份证明。③不动产证书和不动产登记证明。④被担保主债权的转让协议。⑤债权人已通知债务人的材料和其他必要材料。

【出处】《房地产交易制度政策》(第四版)P217

第九章　房地产广告相关制度政策

【章节导引】

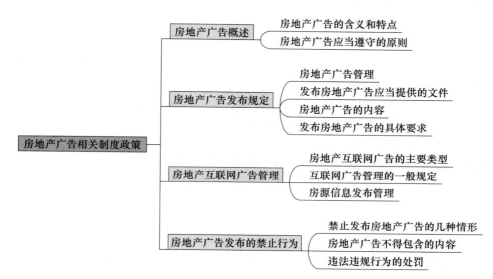

【章节核心知识点】

核心知识点 1：房地产广告的内容

房地产预售销售广告必须载明以下事项：
（1）房地产开发企业名称；
（2）房地产中介服务机构代理销售的，载明该机构名称；
（3）预售或者销售广告许可证书号。
广告中仅介绍房地产项目名称的，可以不必载明上述事项。

1.（单选题）开发商预售即将开盘的房屋，不属于在刊登的广告中必须载明的信息有（　　）。
　　A. 开发企业法人姓名及身份证信息
　　B. 开发企业名称
　　C. 中介服务代理机构需要载明的该机构的名称
　　D. 预售或销售广告许可证证书号
【答案】A
【解析】房地产预售销售广告必须载明以下事项包括：开发企业名称、中介服务机构代理销售的载明该机构名称、预售或者销售广告许可证证书号。

【出处】《房地产交易制度政策》（第四版）P226

核心知识点 2：发布房地产广告的具体要求

（1）房地产广告中涉及所有权或者使用权的，所有或者使用的基本单位应当是有实际意义的完整的生产、生活空间。

（2）房地产广告中对价格有表示的，应当清楚表示为实际的销售价格，明示价格的有效期限。

（3）房地产广告中的项目位置示意图，应当准确、清楚，比例恰当。

（4）房地产广告中涉及的交通、商业、文化教育设施及其他市政条件等，如在规划或者建设中，应当在广告中注明。

（5）房地产广告涉及内部结构、装修装饰的，应当真实、准确。

（6）房地产广告中不得利用其他项目的形象、环境作为本项目的效果。

（7）房地产广告中使用建筑设计效果图或者模型照片的，应当在广告中注明。

（8）房地产广告中不得出现融资或者变相融资的内容。

（9）房地产广告中涉及贷款服务的，应当载明提供贷款的银行名称及贷款额度、年期。

（10）房地产广告中不得含有广告主能够为入住者办理户口、就业、升学等事项的承诺。

（11）房地产广告中涉及物业管理内容的，应当符合国家有关规定；涉及尚未实现的物业管理内容，应当在广告中注明。

（12）房地产广告中涉及房地产价格评估的，应当表明评估单位、估价师和评估时间；使用其他数据、统计资料、文摘、引用语的，应当真实、准确，表明出处。

（13）房地产广告中表明推销的商品或者服务附带赠送的，应当明示所附带赠送商品或者服务的品种、规格、数量、期限和方式。

（14）房地产广告使用数据、统计资料、调查结果、文稿、引用语等印证内容的，应当真实、准确，并表明出处。印证内容有适用范围和有效期限的，应当明确表示。

（15）房地产广告中涉及专利产品或者专利方法的，应当标明专利号和专利种类。未取得专利权的，不得在广告中谎称取得专利权。禁止使用未授予专利权的专利申请和已经终止、撤销、无效的专利做广告。

（16）房地产广告不得贬低其他生产经营者的商品或者服务。

（17）房地产广告应当具有可识别性，能够使消费者辨明其为广告。

（18）大众传播媒介不得以新闻报道形式变相发布房地产广告。

（19）广播电台、电视台发布房地产广告，应当遵守国务院有关部门关于时长、方式的规定，并应当对广告时长做出明显提示。

1．（单选题）下列关于房地产广告的说法，错误的是（　　）。

A．房地产广告中涉及房屋所有权的，其所有的基本单位应是完整的生活空间

B. 房地产广告中涉及文化设施的，如正在建设中，无须在广告中注明
C. 房地产广告中对住房价格有表示的，应清楚表示其实际销售价格
D. 房地产广告中涉及住房贷款服务的，应载明提供贷款银行的名称

【答案】B
【解析】房地产广告中设计的交通、商业、文化教育设施及其他市政条件等，如在规划或者建设中，应当在广告中注明。
【出处】《房地产交易制度政策》（第四版）P226

核心知识点3：房地产互联网广告管理

房地产互联网广告的主要类型：

1. 商业展示性广告。我们打开一个房地产网页后，有很多商业展示性广告，这种房地产互联网广告类型比较常见。

2. 含有链接的文字、图片或者视频等形式的广告。当点开一个推销商品服务文字、图片或者视频时，被链接到一个目标网站，在推销房地产商品或者服务，这种形式是房地产互联网广告。

3. 电子邮件广告。人们进入个人邮箱后，常发现很多邮件广告，根据《消费者权益保护法》《广告法》的规定，不经本人同意是不能发送的。

4. 付费搜索广告。比如搜索服务平台中的付费搜索、电子商务平台当中垂直搜索的付费搜索广告，是以推销商品或者服务为目的，通过一些方法改变了自然搜索的排名或者位置。

5. 其他通过互联网媒介推销的房地产广告。比如房地产商家通过微信公众号、朋友圈等形式推送广告，将来还可能出现更多的房地产互联网广告形式。

1.（单选题）下列信息中不符合房地产广告管理规范的是（　　）。
A. 发布房地产广告的公司必须按程序办理房地产项目建设有关手续
B. 广告内容必须真实、合法、科学且准确
C. 售楼广告和说明书应载明《商品房预售许可证》的批准文号
D. 为了吸引客户，房地产广告可以进行夸大的宣传

【答案】D
【解析】房地产广告的要求是真实和准确，含有虚假、夸大宣传内容的房地产广告，会侵害购房者的合法权益，因此D选项错误。
【出处】《房地产交易制度政策》（第四版）P211

核心知识点4：房地产广告发布的禁止行为

1. 禁止发布房地产虚假广告。应当真实、合法，不得含有虚假或者引人误解的内容，不得欺骗、误导消费者。（比如商品或服务不存在、商品性能等信息与实际情况不符、使用虚构伪造或无法验证的成果等。）

2. 凡下列情况的房地产不得发布广告：
（1）在未经依法取得国有土地使用权的土地上开发建设的；
（2）在未经国家征用的集体所有的土地上建设的；
（3）司法机关和行政机关依法裁定、决定查封或者以其他形式限制房地产权利的；
（4）预售房地产，但未取得该项目预售许可证的；
（5）权属有争议的；
（6）违反国家有关规定建设的；
（7）不符合工程质量标准，经验收不合格的；
（8）法律、行政法规规定禁止的其他情形。

3. 有下列情形之一的，不得设置户外广告
（1）利用交通安全设施、交通标志的；
（2）影响市政公共设施、交通安全设施、交通标志、消防设施、消防安全标志使用的；
（3）妨碍生产或者人民生活，损害市容市貌的；
（4）在国家机关、文物保护单位、风景名胜区等的建筑控制地带，或者县级以上地方人民政府禁止设置户外广告的区域设置的。

4. 房地产互联网广告活动中不得有下列行为：
（1）提供或者利用应用程序、硬件等对他人正当经营的广告采取拦截、过滤、覆盖、快进等限制措施；
（2）利用网络通路、网络设备、应用程序等破坏正常广告数据传输，篡改或者遮挡他人正当经营的广告，擅自加载广告；
（3）利用虚假的统计数据、传播效果或者互联网媒介价值，诱导错误报价，谋取不正当利益或者损害他人利益；
（4）未参与互联网广告经营活动，仅为互联网广告提供信息服务的互联网信息服务提供者，对其明知或者应知利用其信息服务发布违法广告的，应当予以制止。

5. 其他不得发布广告的情形：
（1）任何单位或者个人未经当事人同意或者请求，不得向其住宅、交通工具等发送广告，也不得以电子信息方式向其发送广告。
（2）以电子信息方式发送广告的，应当明示发送者的真实身份和联系方式，并向接收者提供拒绝继续接收的方式。
（3）公共场所的管理者或者电信业务经营者、互联网信息服务提供者对其明知或者应知的利用其场所或者信息传输、发布平台发送、发布违法广告的，应当予以制止。

1. （多选题）关于房地产广告设置要求的说法，正确的有（　　）。
   A. 可利用交通标志设置户外广告
   B. 可在各小区向住宅用户进行拉网式广告发送
   C. 可在各停车场对车辆进行拉网式广告发送
   D. 发送电子信息广告，应明示发送者的真实身份、联系方式
   E. 在互联网页面，以弹窗等形式发布的广告应当显著标明关闭标志，确保一键关闭

【答案】DE

【解析】利用交通安全设施、交通标志的不得设置户外广告；不得向住宅、交通工具等发送广告。以电子信息发送广告的，应明示发送者的真实身份和联系方式。在互联网页面以弹出形式发布的广告，应显著标明关闭标志，确保一键关闭。

【出处】《房地产交易制度政策》（第四版）P232

核心知识点 5：房地产广告不得包含的内容

《广告法》规定，房地产广告房源信息应当真实，面积应当标明为建筑面积或者套内建筑面积，并不得含有下列内容：

（1）升值或者投资回报的承诺；
（2）以项目到达某一具体参照物的所需时间表示项目位置；
（3）违反国家有关价格管理的规定；
（4）对规划或者建设中的交通、商业、文化教育设施以及其他市政条件作误导宣传；
（5）使用或者变相使用中华人民共和国的国旗、国歌、国徽，军旗、军歌、军徽；
（6）使用或者变相使用国家机关、国家机关工作人员的名义或者形象；
（7）使用"国家级""最高级""最佳"等用语；
（8）损害国家的尊严或者利益，泄露国家秘密；
（9）妨碍社会安定，损害社会公共利益；
（10）危害人身、财产安全，泄露个人隐私；
（11）妨碍社会公共秩序或者违背社会良好风尚；
（12）含有淫秽、色情、赌博、迷信、恐怖、暴力的内容；
（13）含有民族、种族、宗教、性别歧视的内容；
（14）妨碍环境、自然资源或者文化遗产保护；
（15）法律、行政法规规定禁止的其他情形。

1．（多选题）下列房地产广告用语中，不符合广告发布要求的有（　　）。
　　A．本项目风水上佳
　　B．本项目东侧由规划部门确定的大型公园即将开工建设
　　C．本项目房价年内预计上涨10%
　　D．本项目购买人可由农村户口转为城镇户口
　　E．本项目为本市最佳住宅小区

【答案】ACDE

【解析】《广告法》规定，房地产广告，房源信息应当真实，面积应当表明为建筑面积或者套内建筑面积，并不得含有下列内容：①升值或者投资回报的承诺；②违反国家有关价格管理的规定；③对规划或者建设中的交通、商业、文化教育设施以及其他市政条件作误导宣传；④使用国家级、最高级、最佳等用语；⑤含有淫秽、色情、赌博、迷信、恐怖、暴力的内容。

【出处】《房地产交易制度政策》（第四版）P232～P233

【真题实测】

一、单选题（每题的备选答案中只有1个最符合题意）

1. 根据《房地产广告发布规定》，房地产经纪机构发布所代理的房地产项目广告应提供的文件是（　　）。
   A. 经纪服务收费标准　　　　　B. 销售人员绩效激励方案
   C. 业主委托证明　　　　　　　D. 佣金分配方案

2. 下列房地产广告用语中，符合规定要求的是（　　）。
   A. 本楼盘距市中心10分钟车程　　B. 本市最佳唯一选择
   C. 本广告所示楼盘图为效果图　　D. 龙脉之地，上风上水

3. 房地产预售广告中，不得涉及的内容是（　　）。
   A. 中介服务　　　　　　　　　B. 房屋结构
   C. 房屋风水　　　　　　　　　D. 物业管理

4. 下列房地产广告内容中，符合相关管理规定的房地产广告是（　　）。
   A. 含有升值或者投资回报承诺　　B. 标明实际销售价格及其有效期限
   C. 以乘车或开车到达时间表示距离　D. 利用其他项目的形象作为本项目效果

二、多选题（每题的备选答案中有2个或2个以上符合题意）

5. 下列房地产广告用语中，不符合广告发布要求的有（　　）。
   A. 本项目风水上佳
   B. 本项目东侧有规划部门确定的大型公园即将开工建设
   C. 本项目房价年内预计上涨10%
   D. 本项目购买人可由农村户口转为城镇户口
   E. 本项目为本市最佳住宅小区

6. 房地产广告中禁止承诺的内容包括（　　）。
   A. 办理户口　　　　　　　　　B. 代办贷款服务
   C. 办理就业　　　　　　　　　D. 代办不动产抵押登记
   E. 办理升学

7. 房地产经纪机构代理销售的商品房预售广告中必须载明（　　）。
   A. 房屋结构　　　　　　　　　B. 预售价格
   C. 房地产开发企业的名称　　　D. 预售许可证号
   E. 代理销售的房地产经纪机构的名称

【真题实测答案及解析】

1.【答案】C
【解析】房地产经纪机构发布所代理的房地产项目广告，应当提供业主委托证明。
【出处】《房地产交易制度政策》（第四版）P225

2.【答案】C
【解析】《广告法》规定，房地产广告不得含有下列内容：① 以项目到达某一具体参照物的所需时间表示项目位置；② 使用"国家级""最高级""最佳"等用语；③ 含有迷

信的内容。

【出处】《房地产交易制度政策》(第四版)P232~P233

3.【答案】C

【解析】房地产广告中不得含有迷信内容。

【出处】《房地产交易制度政策》(第四版)P233

4.【答案】B

【解析】房地产广告中不得含有升值或者投资回报的承诺,故 A 错误;不得以项目到达某一具体参照物的所需时间表示项目位置,故 C 错误;不得利用其他项目的形象、环境作为本项目的效果,故 D 错误。

【出处】《房地产交易制度政策》(第四版)P232

5.【答案】ACDE

【解析】房地产广告中不得含有:① 升值或者投资回报的承诺;② 使用"最佳"等词语;③ 含有迷信的内容;④ 广告主能够为入住者办理户口、就业、升学等事项的承诺。

【出处】《房地产交易制度政策》(第四版)P232~P233

6.【答案】ACE

【解析】房地产广告中不得含有广告主能够为入住者办理户口、就业、升学等事项的承诺。

【出处】《房地产交易制度政策》(第四版)P226

7.【答案】CDE

【解析】房地产预售、销售广告,必须载明以下事项:① 房地产开发企业名称;② 中介服务机构代理销售的,载明该机构名称;③ 预售或者销售许可证号。

【出处】《房地产交易制度政策》(第四版)P226

【章节小测】

一、单选题(每题的备选答案中只有 1 个最符合题意)

1. 房地产广告的特点不包括( )。
   A. 较强的区域性和广泛性　　　　B. 独特性
   C. 较大的信息量　　　　　　　　D. 时效性
2. 房地产预售、销售广告,必须载明的事项不包括( )。
   A. 开发企业名称　　　　　　　　B. 代理销售的中介服务机构名称
   C. 预售许可证书号　　　　　　　D. 项目位置
3. 下列证件中,发布房地产现售广告不需要提供的是( )。
   A. 商品房预售许可证　　　　　　B. 工程竣工验收合格证明
   C. 项目土地使用权证明　　　　　D. 房地产开发企业营业执照
4. 下列房地产广告内容中,合规的为( )。
   A. 注明了地铁线路正处于规划中　B. 使用了其他项目的景观效果图
   C. 承诺收益率达 12%　　　　　　D. 承诺学区房
5. 房地产预售广告中,不得涉及的内容是( )。
   A. 中介服务　　　　　　　　　　B. 房屋结构

C．房屋风水　　　　　　　　　　D．物业管理

二、多选题（每题的备选答案中有 2 个或 2 个以上符合题意）

6. 关于房地产广告设置要求的说法，正确的有（　　）。
   A．可利用交通标志设置户外广告
   B．可在各小区向住宅用户进行拉网式广告发送
   C．可在各停车场对车辆进行拉网式广告发送
   D．发送电子信息广告，并向接受者提供拒绝继续接收的方式
   E．在互联网页面以弹出等形式发布的广告，显著标明关闭标志

7. 某房地产开发企业发布预售商品房广告，不得涉及的内容有（　　）。
   A．规划中的商场　　　　　　　B．物业管理内容
   C．办理就业、升学的承诺　　　D．融资或者变相融资内容
   E．模型照片

【章节小测答案及解析】

1．【答案】A
【解析】房地产广告的特点包括较强的区域性和针对性、独特性、较大的信息量和时效性。
【出处】《房地产交易制度政策》（第四版）P223～P224

2．【答案】D
【解析】房地产预售、销售广告，必须载明以下事项：① 房地产开发企业名称；② 中介服务机构代理销售的，载明该机构名称；③ 预售或销售许可证书号。
【出处】《房地产交易制度政策》（第四版）P226

3．【答案】A
【解析】房地产广告应当提供的证明文件：① 房地产开发企业、房地产权利人、房地产中介服务机构的营业执照或者其他主体资格证明；② 房地产主管部门颁发的房地产开发企业资质证明；③ 自然资源管理部门颁发的项目土地使用权证明；④ 工程竣工验收合格证明；⑤ 预售、销售许可证明。本题中发布房地产现售广告，所以不需要提供预售许可证。
【出处】《房地产交易制度政策》（第四版）P223

4．【答案】A
【解析】《广告法》规定，房地产广告，房源信息应当真实，面积应当表明为建筑面积或者套内建筑面积，并不得含有下列内容：① 升值或者投资回报的承诺；② 对规划或者建设中的交通、商业、文化教育设施以及其他市政条件作误导宣传；③ 房地产广告中不得利用其他项目的形象、环境作为本项目的效果。④ 房地产广告中不得含有广告主能够为入住者办理户口、就业、升学等事项的承诺。
【出处】《房地产交易制度政策》（第四版）P232～P233

5．【答案】C
【解析】《广告法》规定，房地产广告，房源信息应当真实，面积应当表明为建筑面积或者套内建筑面积，并不得含有迷信的内容。

【出处】《房地产交易制度政策》（第四版）P232～P233

6.【答案】DE

【解析】有下列情形之一不得设置户外广告：① 利用交通安全设施、交通标志的；② 影响市政公共设施、交通安全设施、交通标志、消防设施、消防安全标志使用的；③ 妨碍生产或者人民生活，损害市容市貌的；④ 在国家机关、文物保护单位、风景名胜区等的建筑控制地带，或者县级以上地方人民政府禁止设置户外广告的区域设置的。

【出处】《房地产交易制度政策》（第四版）P232

7.【答案】CD

【解析】房地产广告的要求规定：房地产广告中不得出现融资或者变相融资的内容；房地产广告中涉及贷款服务的，应当载明提供贷款的银行名称及贷款额度、年期；房地产广告中不得含有广告主能够为入住者办理户口、就业、升学等事项的承诺。

【出处】《房地产交易制度政策》（第四版）P226

特殊考点汇总

一、关于日期

1. 房地产转让的程序：房地产管理部门对提供的有关文件进行审查，并在 7 日内做出是否受理申请的书面答复，7 日内未做书面答复的，视为同意受理。
2. 转让房地产开发项目：转让人和受让人应当自土地使用权变更登记手续办理完毕之日起 30 日内，持房地产开发项目转让合同到房地产开发主管部门备案。
3. 房地产项目建设单位的变更：房地产开发企业应当在办理完土地使用权变更登记手续后 30 日内，到市、县人民政府的房地产行政主管部门办理项目转让备案手续。
4. 商品房预售合同登记备案：商品房预售合同签订之日起 30 日内，向商品房所在地的直辖市、市、县级以上人民政府住房城乡建设管理部门和土地管理部门办理商品房预售登记备案手续。
5. 面积误差处理：面积误差比绝对值超出 3% 时，买受人有权退房。买受人退房的，房地产开发企业应当在买受人提出退房之日起 30 日内将买受人已付房价款退还给买受人，同时支付已付房价款利息。
6. 业主委员会备案：业主委员会应当自选举产生之日起 30 日内，向物业所在地的街道办事处和区、县人民政府房地产行政主管部门备案。
7. 商品房屋租赁登记备案：房屋租赁合同订立后 30 日内，房屋租赁当事人应当到租赁房屋所在地直辖市、市、县人民政府房地产主管部门办理房屋租赁登记备案。
8. 不动产登记手续：除法律法规另有规定的外，不动产登记机构应当自受理登记申请之日起 30 个工作日内办结不动产登记手续。
9. 商品房交付使用：房地产开发企业应当在商品房交付之日起 60 日内，将需要由其提供的办理不动产权属登记的资料报送房屋所在地房地产行政主管部门。
10. 房地产转让程序：房地产转让当事人在房地产转让合同签订后 90 日内持房地产权属证书、当事人的合法证明、转让合同等有关文件向房地产所在地的房地产管理部门提出申请，并申报成交价格。
11. 预售商品房登记：预售的商品房交付使用之日起 90 日内，承购人应当依法到登记机构办理权属登记手续。

二、关于罚则

1. 违反存量房销售行为处罚：

行为	处罚
房地产经纪人员以个人名义承接房地产经纪业务和收取费用的	责令限期改正，记入信用档案；对房地产经纪人员处以1万元罚款；对房地产经纪机构处以1万元以上3万元以下罚款
房地产经纪机构提供代办贷款、代办房地产登记等其他服务，未向委托人说明服务内容、收费标准等情况，并未经委托人同意的	
房地产经纪服务合同未由从事该业务的一名房地产经纪人或者两名房地产经纪人协理签名的	
房地产经纪机构签订房地产经纪服务合同前，不向交易当事人说明和书面告知规定事项的	
房地产经纪机构未按照规定如实记录业务情况或者保存房地产经纪服务合同的	
房地产经纪机构和房地产经纪人员以隐瞒、欺诈、胁迫、贿赂等不正当手段招揽业务，诱骗消费者交易或者强制交易的	责令限期改正，记入信用档案；对房地产经纪人员处以1万元罚款；对房地产经纪机构取消网上签约资格，处以3万元罚款
泄露或者不当使用委托人的个人信息或者商业秘密，谋取不正当利益的	
为交易当事人规避房屋交易税费等非法目的，就同一房屋签订不同交易价款的合同提供便利的	
改变房屋内部结构分割出租；侵占、挪用房地产交易资金的	
承购、承租自己提供经纪服务的房屋的	
为不符合交易条件的保障性住房和禁止交易的房屋提供经纪服务的	
房地产经纪机构违反规定擅自对外发布房源信息的	责令限期改正，记入信用档案，取消网上签约资格，并处以1万元以上3万元以下罚款
房地产经纪机构违反规定，擅自划转客户交易结算资金的	责令限期改正，取消网上签约资格，处以3万元罚款

2. 违反新建商品房销售行为处罚：

行为	主管部门	房地产开发企业
开发企业不按规定使用商品房预售款项的	责令限期纠正	处以违法所得3倍以下但不超过3万元的罚款
开发企业隐瞒有关情况，提供虚假材料，或者采用欺骗、贿赂等不正当手段取得商品房预售许可的	责令停止预售，撤销商品房预售许可	处3万元罚款
未取得房地产开发企业资质证书，擅自销售商品房的	责令停止销售活动	处5万元以上10万元以下的罚款
违反法律、法规规定，擅自预售商品房的	责令停止违法行为，没收违法所得	处已收取的预付款的1%以下的处罚
在未解除商品房买卖合同前，将作为标的物的商品房再行销售给他人的	警告，责令限期改正	2万元以上3万元以下罚款
房地产开发企业未按规定将测绘成果或者需要由其提供的办理房屋权属登记的资料报送房地产主管部门的		

续表

行为	主管部门	房地产开发企业
未按照规定的现售条件现售商品房的	警告，责令限期改正	1万元以上3万元以下罚款
未按照规定在商品房现售前将房地产开发项目手册及符合商品房现售条件的有关证明文件报送房地产开发主管部门备案的		
返本销售或者变相返本销售商品房的		
采取售后包租或者变相售后包租方式销售未竣工商品房的		
分割拆零销售商品住宅的		
不符合商品房销售条件的，向买受人收取预订款性质费用的		
未按照规定向买受人明示《商品房销售管理办法》《商品房买卖合同示范文本》《城市房地产预售管理办法》的		
委托没有资格的机构代理销售商品房的		
房地产中介服务机构代理销售不符合销售条件商品房的	警告、责令停止销售	2万元以上3万元以下罚款

制度政策模拟卷（一）

一、单项选择题（共50题，每题1分。每题的备选答案中只有1个最符合题意）

1. 下列企业或机构中，不属于房地产业的是（　　）。
   A．房地产开发企业　　　　　　B．房地产估价机构
   C．物业服务企业　　　　　　　D．建筑施工企业

2. 房地产咨询业主要是为有关房地产活动的当事人提供法律法规、政策、信息和（　　）等方面的顾问服务。
   A．测绘　　　　　　　　　　　B．估价
   C．技术　　　　　　　　　　　D．管理

3. 下列行为中，属于房地产行政管理关系的是（　　）。
   A．房地产经纪人员为客户代办房屋登记
   B．房地产行政主管部门对房地产经纪人员行为进行检查
   C．房地产经纪行业组织对房地产经纪人员进行继续教育
   D．房地产经纪行业组织对房地产经纪人资格考试试卷进行分析

4. 我国土地制度的基础和核心是（　　）。
   A．土地公有制　　　　　　　　B．土地私有制
   C．土地使用制　　　　　　　　D．土地管理制

5. 国家依法控制建设用地总量，严格限制（　　）转为建设用地。
   A．农用地　　　　　　　　　　B．草地
   C．宅基地　　　　　　　　　　D．荒地

6. 住宅建设用地使用权期限届满时，将（　　）。
   A．申请续期予以批准　　　　　B．由国家无偿收回
   C．自动续期　　　　　　　　　D．迟于届满前一年申请

7. 在建筑物区分所有权中占主导地位的是（　　）。
   A．专有部分的所有权　　　　　B．共有部分的共有权
   C．共有部分的管理权　　　　　D．专有部分的管理权

8. 在他物权中，属于担保物权的是（　　）。
   A．抵押权　　　　　　　　　　B．地役权
   C．宅基地使用权　　　　　　　D．土地承包经营权

9. 对房地产的运用，以便发挥房地产的使用价值，是房地产所有权权能中的（　　）。
   A．占有　　　　　　　　　　　B．使用
   C．收益　　　　　　　　　　　D．处分

10. 房地产转让的特征是房地产（　　）发生转移。

A. 收益 B. 使用权
C. 权属 D. 实物

11. 房地产转让当事人应自（   ）起 90 日内，持房地产权属证书向房地产所在地的房地产管理部门提出申请，并申报成交价格。

A. 转让合同签订之日 B. 转让合同公证之日
C. 房屋所有权转移登记办理完毕之日 D. 土地使用权变更登记手续办理完毕之日

12. 签订房屋购买经纪服务合同前，房地产经纪机构应告知房屋购买委托人的事项不包括（   ）。

A. 应由房屋购买委托人协助的事宜、提供的资料
B. 委托购买房屋的市场参考价格
C. 房屋买卖涉及的税费
D. 房屋购买可能存在的风险

13. 下列关于房地产经纪服务的说法，错误的是（   ）。

A. 房地产经纪服务实行明码标价制度
B. 房地产经纪机构的服务未达到房地产经纪服务合同标准的，收取部分佣金
C. 房地产经纪机构不得与房地产开发经营单位串通捂盘惜售
D. 不得对交易当事人隐瞒真实的房屋交易信息

14. 属于房屋建设的，开发单位实际投入房屋建设工程的资金额应占全部开发投资总额的（   ）以上，方可转让。

A. 20% B. 25%
C. 30% D. 35%

15. 共同共有人处分共有房屋，须经（   ）共同共有人同意。

A. 全体 B. 人数的 2/3 以上
C. 占份额 2/3 以上 D. 占份额最多的

16. 对失信被执行主体提出的商品房预售许可等申请不予受理或从严审核有关材料，属于惩戒措施中的（   ）。

A. 联合惩戒 B. 限制房地产交易
C. 信息互通共享 D. 限制财产转移

17. 现有国有企业使用的划拨建设用地使用权需要改制时适用的使用权设立方式是（   ）。

A. 划拨 B. 出让
C. 租赁 D. 授权经营

18. 强化商品住房预售方案管理中，预售方案主要内容发生变化的，应当报（   ）备案并公示。

A. 开发企业 B. 代理经纪机构
C. 买受人 D. 相关主管部门

19. 下列行为中，符合商品房销售相关规定的是（   ）。

A. 将合同作为标的物再行销售给他人 B. 采取返本销售的方式销售商品房
C. 分割拆零销售 D. 按合同约定收取佣金

20. 下列情形中，可能导致被责令停止销售活动，处以 5 万元以上 10 万元以下罚款的是（   ）。
    A. 将合同作为标的物再行销售给他人
    B. 未取得房地产开发企业资质证书
    C. 房地产开发企业将未组织竣工、验收不合格的商品房擅自交付使用
    D. 违反法律、法规规定，擅自预售商品房的

21. 出卖人未取得商品房预售许可证明，与买受人订立的商品房预售合同，应当认定为（   ）。
    A. 无效   B. 有效
    C. 效力待定   D. 有权撤销

22. 下列关于房屋建筑工程的最低保修期限的说法，错误的是（   ）。
    A. 有防水要求的卫生间最低保修期限为 5 年
    B. 电气系统的最低保修期限为 2 年
    C. 装修工程最低保修期限为 2 年
    D. 给水排水管道最低保修期限为 3 年

23. 房地产开发企业作为房地产项目建设和营销的主体，是整个活动的（   ）。
    A. 参与者   B. 实施者
    C. 组织者   D. 享有者

24. 业主分户账面住宅专项维修资金余额不足首期交存额（   ）的，应当及时续交。
    A. 10%   B. 20%
    C. 30%   D. 50%

25. 房屋租赁合同中，引起租赁纠纷的主要原因是（   ）。
    A. 租金标准   B. 押金数额
    C. 租赁期限   D. 房屋和室内设施的安全性能

26. 下列情形中，出租人不能单方解除合同的是（   ）。
    A. 承租人重新粉刷租赁房屋的   B. 承租人擅自转租租赁房屋的
    C. 承租人在合理期限内未支付租金的 D. 承租人擅自扩建租赁房屋的

27. 承租人将租赁房屋转租，第三人对租赁物造成损失的，由（   ）承担损失。
    A. 出租人   B. 承租人
    C. 第三人   D. 承租人与第三人协商

28. 商品房租赁当事人办理房屋租赁登记备案，不需要提交的材料是（   ）。
    A. 房屋租赁合同   B. 租赁双方身份证明
    C. 房屋所有权证书   D. 承租人的家庭收入证明

29. 公共租赁住房租赁合同的期限是（   ）。
    A. 2 年   B. 3 年
    C. 5 年   D. 10 年

30. 通过商业银行发放，又称之为委托贷款的是（   ）。
    A. 商业性个人住房贷款 B. 公积金个人住房贷款
    C. 个人住房贷款   D. 商业住房贷款

31. 预购商品房贷款抵押的，商品房开发项目必须符合房地产转让条件并（　　）。
   A. 取得商品房销售许可证　　　B. 取得土地所有权
   C. 取得商品房预售许可证　　　D. 取得竣工验收证明

32. 住房公积金的数额占职工上一年度月平均工资的比例，职工和单位缴存比例均不应低于（　　）。
   A. 3%　　　B. 5%
   C. 8%　　　D. 12%

33. 住房公积金个人住房贷款审批主体是（　　）。
   A. 委托办理贷款银行　　　B. 当地住房公积金管理委员会
   C. 当地住房公积金管理中心　　　D. 当地住房交易管理部门

34. 下列税收种类中，不属于房屋出租环节税收的是（　　）。
   A. 房产税　　　B. 契税
   C. 印花税　　　D. 个人所得税

35. 下列可以免征契税的情形是（　　）。
   A. 购买经济适用住房　　　B. 保姆根据遗嘱继承房屋
   C. 首次购买 90 m^2 以下的普通住房　　　D. 因地震失去房屋重新购买住房

36. 契税采取的税率模式是（　　）。
   A. 比例税率　　　B. 超额累进税率
   C. 应缴纳税所得额　　　D. 定额税率

37. 下列各项个人所得中，不免纳个人所得税的是（　　）。
   A. 国债利息
   B. 保险赔款
   C. 偶然所得
   D. 个人转让自用 5 年以上，并且是唯一家庭生活用房的所得

38. 甲公司所有的房产原值 2450 万元，如果当地规定房产原值扣除比率为 20%，则该公司年应纳房产税为（　　）。
   A. 89.12 万元　　　B. 23.52 万元
   C. 235.2 万元　　　D. 30.72 万元

39. 可免征耕地占用税的情形为（　　）。
   A. 医院占用耕地　　　B. 农村居民占用耕地新建住宅
   C. 铁路线路占用耕地　　　D. 国家急需发展的新能源产业占用耕地

40. 房屋租赁合同签订后，租赁当事人应持有关材料到（　　）主管部门登记备案。
   A. 房地产　　　B. 工商
   C. 税务　　　D. 财政

41. 出租人知道或应当知道承租人转租房屋，如有异议，应当在（　　）内提出异议。
   A. 1 个月　　　B. 3 个月
   C. 6 个月　　　D. 12 个月

42. 办理商品房预售许可的正确程序是（　　）。
   A. 受理→许可→审核→公示　　　B. 许可→受理→审核→公示

C. 受理→审核→许可→公示 D. 受理→审核→公示→许可

43. 房屋建筑工程保修期从（　　）开始计算。
   A. 竣工验收之日起 B. 签订合同之日起
   C. 竣工验收合格之日起 D. 交房之日起

44. 根据《物权法》，经依法设立的不动产物权发生效力的起始时间是（　　）。
   A. 合同成立时 B. 登记机构受理登记时
   C. 记载于不动产登记簿时 D. 登记机构颁发权利证书时

45. 不动产权利人的房屋所有权受国家法律保护，体现了不动产登记（　　）的目的。
   A. 保护不动产权利人的合法权益 B. 维护不动产交易安全
   C. 利于国家对不动产进行管理 D. 为国家进行宏观调控

46. 在不动产统一登记制度中处于核心地位的是（　　）。
   A. 不动产权属证书 B. 他项权证书
   C. 不动产登记证明 D. 不动产登记簿

47. 下列关于不动产登记簿的说法错误的是（　　）。
   A. 不动产物权的变更，依法规定应当登记的，自记载于登记簿时发生效力
   B. 不动产登记簿反映了不动产的各类法律关系
   C. 任何人不得擅自复制不动产登记簿信息
   D. 不动产权利人可以随意修改登记事项

48. 不属于房地产转移的是（　　）。
   A. 房地产买卖 B. 房地产继承
   C. 房地产互换 D. 所有权人名称变更

49. 对建筑物首次登记，不动产登记机构应当（　　）。
   A. 仔细核对 B. 实地查看
   C. 询问当事人 D. 向有关单位调查

50. 房地产广告投放的时间过短、广告频率过低，容易达不到预期效果，这体现房地产广告具有（　　）。
   A. 区域性 B. 独特性
   C. 信息量大 D. 时效性

二、多项选择题（共30题，每题2分。每题备选答案中有2个或2个以上符合题意。错选不得分，少选且正确，每个选项得0.5分）

51. 房地产开发经营业的特点包括（　　）。
   A. 单件性 B. 投资小
   C. 周期短 D. 风险高
   E. 带动力强

52. 下列房地产业的行业细分中，属于知识密集型行业的有（　　）。
   A. 物业管理业 B. 房地产咨询业
   C. 房地产经纪业 D. 房地产估价业
   E. 房地产开发经营业

53.《城市房地产管理法》确立的重要制度有（　　）。

A. 国有土地有偿、有限期使用制度　　B. 土地用途管制制度
C. 房地产成交价格申报制度　　D. 房地产价格评估制度
E. 房地产价格评估人员资格认证制度

54. 按产权占有形式划分，城镇房屋所有制的主要类型包括（　　）。
A. 共有房产　　B. 单独所有房产
C. 集体所有制房产　　D. 全民所有制房产
E. 外资及中外合资房产

55. 在他物权中，属于用益物权的有（　　）。
A. 抵押权　　B. 地役权
C. 宅基地使用权　　D. 土地承包经营权
E. 建设用地使用权

56. 房屋所有权灭失的情形包括（　　）。
A. 因国家行政命令或法院判决而丧失　　B. 房屋所有权人放弃所有权
C. 房屋所有权客体的消灭　　D. 房屋所有权主体的消灭
E. 房屋出租

57. 下列权利中，属于物权的有（　　）。
A. 租赁权　　B. 抵押权
C. 地役权　　D. 所有权
E. 建设用地使用权

58. 房屋所有权继受取得的情形包括（　　）。
A. 买卖　　B. 交换
C. 继承　　D. 依法建造房屋
E. 收归国有的无主房屋

59. 下列房地产中，不得转让的有（　　）。
A. 司法机关决定查封的　　B. 全体共有人书面同意的
C. 权属有争议的　　D. 未依法登记的
E. 国家收回土地使用权的

60. 房屋出售经纪服务合同中，双方应当达成一致的事项包括（　　）。
A. 房屋基本状况　　B. 委托挂牌价格
C. 经纪服务费用　　D. 成交价格
E. 委托权限

61. 违反存量房销售相关规定的行为有（　　）。
A. 房地产经纪人员以个人名义承接房地产经纪业务
B. 未经委托人同意提供代办贷款服务并收费
C. 房地产经纪服务合同由两名房地产经纪人协理签名
D. 签订合同前未向交易当事人说明和书面告知规定事项
E. 未按照规定保存房地产经纪服务合同

62. 房地产开发企业不按规定使用商品房预售款项的，房地产主管部门采取的处罚措施是（　　）。

A．责令限期纠正

B．责令停止预售

C．撤销商品房预售许可

D．处 3 万元罚款

E．处以违法所得 3 倍以下但不超过 3 万元的罚款

63．房地产开发企业将商品房销售业务委托给房地产中介服务机构，应注意的事项有（　　）。

A．实行销售代理必须签订委托合同

B．如实向买受人介绍所代理的商品房有关情况

C．受托经纪机构不得收取佣金以外的费用

D．房地产销售人员要经过专业的培训

E．根据代售商品房业务量多少可以收取其他费用

64．房地产中介服务机构代理销售不符合销售条件的商品房的，会被处以（　　）。

A．警告　　　　　　　　　　　　B．责令限期改正

C．责令停止销售　　　　　　　　D．1 万元以上 3 万元以下罚款

E．2 万元以上 3 万元以下罚款

65．下列说法中，关于物业管理的叙述正确的是（　　）。

A．物业管理的对象是物业　　　　B．物业管理的属性是经营

C．物业管理的服务对象是业主　　D．物业管理企业不具有独立法人资格

E．物业管理被视为一种特殊的商品

66．物业管理的常规性服务包括（　　）。

A．日常生活类　　　　　　　　　B．环境卫生管理

C．绿化管理　　　　　　　　　　D．车辆道路管理

E．金融服务类

67．张某将其住房出租给王某，王某在承租期间应承担的义务是（　　）。

A．交付租金　　　　　　　　　　B．对房屋进行维修

C．合理使用和善意保管房屋　　　D．房屋租赁关系解除时归还房屋

E．提供符合要求的房屋及其附属设施

68．我国对公有住房实施的管理方针是（　　）。

A．统一管理　　　　　　　　　　B．统一分配

C．统一价格　　　　　　　　　　D．以租养房

E．租售并举

69．以在建工程抵押的，抵押合同应载明的内容有（　　）。

A．已投入在建工程的工程款　　　B．被担保权的种类、数额

C．施工进度及工程竣工日期　　　D．已完成的工作量和工程量

E．已交纳的土地使用权出让金或需交纳的相当于土地使用权出让金的款额

70．住房公积金制度的作用有（　　）。

A．增加职工工资中的住房消费含量

B．减轻职工住房负担

C. 增强职工解决住房问题的能力

D. 抑制买房消费

E. 提供比商业贷款利率低的公积金贷款

71. 个人住房贷款申请应具备的条件包括（　　）。

　　A. 具有完全民事行为能力的中华人民共和国或符合国家有关规定的境外自然人

　　B. 具有购买住房的合同或协议

　　C. 借款人具备还款意愿和还款能力

　　D. 借款人信用状况良好，无重大不良信用记录

　　E. 借款人无经济收入来源

72. 住房公积金的提取是有限制条件的，职工提取住房公积金的情况是（　　）。

　　A. 房租超出家庭工资收入规定比例的　　B. 职工购买、建造自主住房的

　　C. 偿还购房贷款本息的　　D. 家庭生活日常支出的

　　E. 缴存城市无自有住房租赁住房的

73. 根据《物业管理条例》，强调业主与物业服务企业处理物业管理事项是通过（　　）的方式。

　　A. 公正　　B. 公开

　　C. 公平　　D. 协商

　　E. 协调

74. 房地产开发企业在商品住房交付使用时，应向购买人提供（　　）。

　　A.《住宅质量保证书》　　B.《住宅使用说明书》

　　C.《房屋建筑工程质量保修办法》　　D.《建筑工程质量保证书》

　　E.《工程竣工验收成功报告》

75. 物业承接验收应当遵循（　　）原则。

　　A. 诚实信用　　B. 客观公正

　　C. 权责分明　　D. 尽职尽责

　　E. 保护业主的共有财产

76. 我国土地管理基本制度包括（　　）。

　　A. 国有建设用地使用制度　　B. 国有土地有偿有限期使用制度

　　C. 土地用途管制制度　　D. 土地登记制度

　　E. 耕地保护制度

77. 不动产登记簿记载的权属状况包括（　　）。

　　A. 不动产权利的主体　　B. 不动产权利变化

　　C. 不动产的坐落　　D. 不动产权利限制

　　E. 不动产权利的内容

78. 按照登记物的类型，不动产登记可分为（　　）。

　　A. 转移登记　　B. 房屋登记

　　C. 林权登记　　D. 所有权登记

　　E. 他项权利登记

79. 申请国有建设用地所有权及房屋所有权转移登记的，应提交的材料有（　　）。

A. 登记申请书 B. 申请人身份证明
C. 不动产权属证书 D. 证明发生变更的材料
E. 买卖、互换、赠与合同

80. 下列房地产广告现象，符合房地产广告发布相关规定的有（　　）。
A. 广告中包含封建迷信信息
B. 广告中准确描述了房屋的价格、位置和结构
C. 以"内部认购"等名义发布房地产广告
D. 发布广告推广的房地产开发项目必须取得商品房预售许可
E. 房地产广告以"落叶归根"这类中华民族传统作为推广主题

三、综合分析题（共20题，每小题2分。每小题的备选答案中有1个或1个以上符合题意。错选不得分，少选且选择正确的，每个选项得0.5分）

（一）

2010年6月甲房地产开发企业以出让方式取得某块国有建设用地的使用权，计划兴建一普通商品住宅小区，但由于开发资金不足，到2011年8月才开始动工建设。2011年10月就开始预售，2013年3月完工后又开始进行现房销售，并陆续交付给购买人。

81. 下列关于国有建设用地使用权的描述，错误的为（　　）。
A. 建设用地使用权可以在土地的地表、地上或者地下分别设立
B. 该建设用地使用权出让最高年限为50年
C. 该建设用地使用权期限届满的，自动续期
D. 该建设用地使用权的设立，亦可采取划拨的方式

82. 甲房地产开发企业进行商品房预售应当符合的条件为（　　）。
A. 取得土地使用权证书
B. 拆迁安置已经落实
C. 投入开发建设的资金达到工程建设总投资的25%以上
D. 取得《商品房预售许可证》

83. 《商品销售管理办法》规定的商品房销售中应禁止的行为为（　　）。
A. 商品房分割拆零销售
B. 以返本销售的方式销售商品房
C. 房地产开发企业在未解除商品房买卖合同前，将作为合同标的的商品房再行销售给他人
D. 将商品房销售给共同购买人

84. 甲房地产开发企业在商品房交付使用时，应向购买人提供（　　）。
A. 住宅质量保证书 B. 住宅使用说明书
C. 住宅工程质量分户验收表 D. 工程竣工验收报告

85. 甲房地产开发企业应当在商品房交付使用之日起（　　）日内，将需要由其提供的办理房屋权属登记的资料报送所在地房地产行政管理部门，协助商品房买受人办理土地使用权变更和房屋所有权登记手续。
A. 30 B. 90

C. 60　　　　　　　　　　　　D. 45

（二）

李某在 2015 年 7 月在一物业管理比较完善的小区内购得一套普通住宅，李某还有其他家庭住房，就将本套住宅出租给张某居住。2018 年 7 月，李某又将该套住宅高于购买价转售出去。

86. 作为出租人李某可以单方面解除房屋租赁合同的情形不包括（　　）。
    A. 张某未经李某许可擅自将房屋转租
    B. 张某擅自变动房屋建筑主体结构
    C. 张某擅自将该住宅作为自营商店使用
    D. 住宅的权属出现了争议

87. 关于李某和张某签订的租赁合同的表述，错误的为（　　）。
    A. 租赁合同约定的租赁期限不得超过 15 年
    B. 李某和张某不必向建设主管部门履行登记备案手续
    C. 张某取得的是房屋所有权
    D. 商品房租赁合同是诺成、双务、有偿的合同

88. 下列关于房屋租赁及房屋抵押的一般规定的表述中，正确的为（　　）。
    A. 如李某转售该房屋时，该房屋仍在租赁期内，则原租赁协议继续履行
    B. 如果张某无正当理由闲置该房屋 6 个月以上，李某有权终止租赁合同
    C. 李某转让该房屋时，应通知张某，张某有权优先购买
    D. 如果李某在租赁期内办理抵押贷款，不需要告知张某

89. 李某出租房屋应当缴纳的税为（　　）。
    A. 契税　　　　　　　　　　　B. 个人所得税
    C. 土地增值税　　　　　　　　D. 房产税

90. 在本房屋交易环节中不需要缴纳的税为（　　）。
    A. 印花税　　　　　　　　　　B. 房产税
    C. 个人所得税　　　　　　　　D. 增值税

（三）

2015 年 1 月，甲房地产开发企业（以下简称甲企业）依法取得某市某区一块国有土地的使用权，投资开发商品住宅。该项目于 2015 年 6 月 1 日领取到施工许可证，并确定由乙建筑工程公司（以下简称乙公司）承包施工。该区私营企业职工王某以抵押贷款方式，于 2016 年 2 月以 5000 元 / m² 的价格预购了一套 80 m² 的住宅。该项目于 2016 年 6 月通过竣工验收并交付使用。王某于 2016 年 9 月将该套住宅转让给他人，售房收入 44 万元。

91. 甲企业应向土地管理部门缴纳（　　）。
    A. 土地赔偿费　　　　　　　　B. 土地使用权出让金
    C. 土地闲置费　　　　　　　　D. 房屋征收安置费

92. 根据《城市商品房预售管理办法》，甲企业申请办理《商品房预售许可证》，应

向相关部门提交的土地、建筑工程证件为（　　）。
    A．土地使用权证   B．土地所有权证
    C．建设工程规划许可证   D．建筑工程施工许可证
93．该项目的工程竣工验收工作由（　　）负责组织实施。
    A．该区人民政府房地产管理部门   B．该市工程质量监督机构
    C．甲企业   D．乙公司
94．申请房屋租赁登记备案，一般应提交的资料有（　　）。
    A．当事人身份证明   B．承租人收入证明
    C．出租人收入证明   D．房屋权属证明
95．王某在转让该房产时，应缴纳的税收为（　　）。
    A．契税   B．房产税
    C．个人所得税   D．增值税

（四）

张某于2016年6月在甲房地产开发企业购买了一套100m²的住房，单价为8000元/m²，可以使用其住房公积金。这是他购买的第一套自住普通住房，现已办理了不动产登记。入住后，张某发现购房合同约定的房屋面积比房屋产权登记的面积多了5 m²。买卖双方对房屋面积误差的处理方式未做约定。

96．张某在申请不动产登记时，应提交的材料为（　　）。
    A．张某的身份证   B．不动产权属证书
    C．登记申请书   D．张某的收入证明
97．下列关于住房公积金的说法，正确的为（　　）。
    A．目前我国的住房公积金缴存比例为5%～12%
    B．住房公积金月缴存额，为职工本人当月月平均工资分别乘以职工和单位住房公积金缴存比例后的和
    C．住房公积金不可用于支付房租
    D．个人住房公积金贷款利率实行一年一定
98．关于张某合法使用其住房公积金的说法，正确的为（　　）。
    A．用于装修房屋   B．用于购买国债赚取利息
    C．用于购买股票赚取利息   D．用于购买房屋
99．张某应办理的不动产登记类型为（　　）。
    A．首次登记   B．转移登记
    C．变更登记   D．更正登记
100．甲企业因房屋面积误差应当返还张某（　　）万元。
    A．4   B．5.6
    C．8   D．9.6

制度政策模拟卷（二）

一、单项选择题（共50题，每题1分。每题的备选答案中只有1个最符合题意）

1. 房地产业是我国现阶段的一个重要支柱产业，它关联度高、带动力强，是经济发展的（　　）。
   A. 基础性、先导性产业　　　　　B. 基础性、决定性产业
   C. 领导性、决定性产业　　　　　D. 先导性、领导性产业

2. 房地产中介服务不包括（　　）。
   A. 房地产咨询　　　　　　　　　B. 房地产估价
   C. 房地产经纪　　　　　　　　　D. 物业管理

3. 房地产行政管理关系的特征是（　　）。
   A. 阶段性
   B. 系统复杂性
   C. 寿命周期性
   D. 主体法律地位的不平等，是管理与被管理的关系

4. 国有土地所有权由（　　）代表国家行使。
   A. 县级土地管理部门　　　　　　B. 县级人民政府
   C. 国务院　　　　　　　　　　　D. 国土资源部

5. 下列关于国有建设用地使用权划拨的特征的说法，错误的是（　　）。
   A. 划拨的土地有使用期限的限制
   B. 以划拨方式取得的建设用地使用权，未经许可不得进行转让
   C. 取得划拨国有建设用地使用权，必须经过县级以上人民政府核准并按法定的程序办理手续
   D. 未经批准，划拨用地使用权用途不得改变

6. 商业、旅游、娱乐用地的国有建设用地使用权不能通过（　　）方式取得。
   A. 招标　　　　　　　　　　　　B. 拍卖
   C. 挂牌　　　　　　　　　　　　D. 协议

7. 根据《国有土地上房屋征收与补偿条例》，不属于公共利益需要的是（　　）。
   A. 旧城区改建　　　　　　　　　B. 国防设施建设
   C. 商业街区扩建　　　　　　　　D. 防洪设施建设

8. 所有权不待他人积极作用而实现，体现的房地产所有权特性是（　　）。
   A. 整体性　　　　　　　　　　　B. 绝对性
   C. 恒久性　　　　　　　　　　　D. 弹力性

9. 房地产所有权人或土地使用权人按照合同约定利用他人的房地产，以提高自己的

房地产效益的权利属于（　　）。
- A．抵押权
- B．地役权
- C．土地承包经营权
- D．建设用地使用权

10．房地产赠与属于（　　）。
- A．单务行为
- B．双务行为
- C．有偿行为
- D．非要式行为

11．签订房屋出售经纪服务合同前，房地产经纪机构应告知房屋出售委托人的事项不包括（　　）。
- A．委托出售房屋的市场参考价格
- B．房屋购买可能存在的风险
- C．房屋买卖涉及的税费
- D．经纪服务收费标准、支付方式

12．下列关于房地产经纪服务的说法，错误的是（　　）。
- A．房地产经纪机构与委托人签订经纪服务合同，应查看房屋权属证书
- B．房地产经纪机构可以用房地产经纪人员个人账户划转交易资金
- C．房地产经纪机构不得以隐瞒、欺诈等手段招揽业务
- D．房地产经纪机构不得为交易当事人规避税费，签订阴阳合同

13．2013年6月，甲房地产开发企业（以下称甲企业）通过出让方式获得一宗居住用途、法定最高年限的国有建设用地使用权，2015年6月开工建设。2018年6月，甲企业将该项目转让给乙房地产开发企业（以下称乙企业），则乙企业受让时的土地使用年限有（　　）年。
- A．70
- B．67
- C．65
- D．68

14．根据《城市房地产管理法》，划拨土地使用权转让也可以不办理土地出让手续，但（　　）应当将所获得的收益中的土地收益上缴国家。
- A．受让人
- B．出让人
- C．土地所有权人
- D．转让方

15．对失信被执行人房地产转让限制的相关惩戒措施不包括（　　）。
- A．限制购买不动产
- B．限制存量房交易上市
- C．将名单信息推送至国家不动产登记信息平台
- D．罚款与拘留

16．合同网签的作用不包括（　　）。
- A．避免了合同不规范的风险
- B．将信息对外公布，流程透明
- C．安全便捷
- D．保护双方当事人交易隐私

17．下列关于存量房交易资金监管说法，错误的是（　　）。
- A．交易保证机构不得从事经纪业务
- B．交易当事人可以自行决定交易资金支付方式
- C．交易结算资金的所有权属于交易保证机构
- D．客户交易结算资金专用账户不得支取现金

18．商品房预售许可管理中，预售许可的最低规模不得小于（　　）。

A．栋 B．层
C．单元 D．户

19．商品房建筑面积由套内建筑面积和（　　）组成。
A．建筑面积 B．阳台建筑面积
C．分摊的共有建筑面积 D．使用面积

20．按套（单元）计价的预售房屋，房地产开发企业应当在合同中附所售房屋的（　　）。
A．平面图 B．户型图
C．效果图 D．剖面图

21．房屋损毁、灭失的风险，在交付之前由（　　）承担。
A．出卖人 B．买受人
C．第三人 D．中间人

22．根据《房屋建筑工程质量保修办法》，电气系统、给水排水管道的最低保修期限是（　　）。
A．1年 B．2年
C．3年 D．5年

23．商品房交付使用后，购买人认为主体结构质量不合格的，可以向（　　）申请重新核验。
A．房地产开发企业 B．商品房物业公司
C．工程质量监督单位 D．房地产主管部门

24．物业管理区域内管理的决策机构是（　　）。
A．业主大会 B．业主委员会
C．物业服务企业 D．房地产开发企业

25．根据《合同法》，房屋租赁期限最长不得超过（　　）年。
A．5 B．10
C．15 D．20

26．出租住房时，最小的出租单位是（　　）。
A．层 B．套
C．床位 D．原设计的房间

27．房屋租赁过程中，承租人的权利不包括（　　）。
A．使用权 B．收益权
C．租赁关系终止时归还房屋 D．买卖不破租赁

28．公共租赁住房租金确定的原则是（　　）。
A．市场价格 B．政府指导价
C．按成本定价 D．适当低于同地段住房市场租金水平

29．租赁房屋期间，房屋被抵押或查封的，原租赁合同（　　）。
A．继续有效 B．无效
C．立即解除 D．立即终止

30．王某上一年度每月基本薪资为5000元，补贴及其他奖金每月为2000元，公司按

照 10% 的缴存比例缴纳住房公积金，王某每月缴纳公积金的总额为（　　）元。
  A．500   B．1000
  C．700   D．1400

31．以共有的房地产设定抵押的，抵押人应当事先征得其他共有权人的（　　）。
  A．委托书   B．口头同意
  C．委托授权书   D．书面同意

32．住房公积金是住房分配货币化的重要形式，其本质属性是（　　）。
  A．工资性   B．福利性
  C．社会性   D．住房保障性

33．提取住房公积金 8 万元，纳税个人所得税数额为（　　）。
  A．0   B．1600 元
  C．16000 元   D．800 元

34．房屋交换的契税计税依据是（　　）。
  A．交换价格的差额   B．交换价格中的较低值
  C．交换价格之和   D．交换价格中的较高值

35．下列行为中，应缴纳契税的是（　　）。
  A．中国公民受让美国的一套住房   B．某医院承受房产用于医疗
  C．冯某以受赠方式取得一套住房   D．冯某继承父母名下的一套房屋

36．2017 年 5 月 1 日，王某购买了 1 套 80 m² 的首套普通住宅，房价 120 万元，应缴纳契税（　　）万元。
  A．1.2   B．1.8
  C．2.4   D．3.6

37．当房地产转让成交价格明显低于正常市场价格时，应以（　　）作为缴纳税费的依据。
  A．申报的成交价格   B．评估价格
  C．市场价格   D．转让的实际价格

38．不动产登记机构围绕不动产登记开展的下列活动，正确的是（　　）。
  A．对申请登记的不动产进行评估
  B．对权属有争议的登记进行裁决
  C．对年检的形式要求当事人重新递交登记申请
  D．将不动产权利归属记载于登记簿

39．城镇土地使用税，应当按照（　　）征收。
  A．纳税人占用土地上的房屋总建筑面积
  B．纳税人占用土地上的建筑物基地面积
  C．纳税人实际占用的土地面积
  D．纳税人自己测定的土地面积

40．下列关于租赁合同的说法，错误的是（　　）。
  A．房屋租赁合同以房屋交付为合同成立要件
  B．房屋租赁合同为双务合同

C. 房屋租赁合同为有偿合同

D. 房屋租赁合同应当到房地产主管部门备案

41. 下列关于房屋转租的说法，错误的是（　　）。

　　A. 房屋转租需经过出租人的书面同意

　　B. 转租期限不得超过原租赁合同规定的期限

　　C. 转租的合同可以不用备案

　　D. 房屋转租，是房屋承租人将承租的房屋再出租的行为

42. 下列房屋出租中，有特定承租对象的是（　　）。

　　A. 公寓　　　　　　　　　　　B. 商品住房

　　C. 别墅　　　　　　　　　　　D. 公共租赁住房

43. 房地产开发企业经规划部门批准的规划变更，导致商品房的结构形式、户型等发生变化的，应当在变更确立之日起（　　）日内，书面通知买受人。

　　A. 5　　　　　　　　　　　　B. 10

　　C. 15　　　　　　　　　　　D. 30

44. 不动产登记的范围不包括（　　）。

　　A. 耕地　　　　　　　　　　　B. 房屋

　　C. 森林　　　　　　　　　　　D. 车辆

45. 契据登记制的理论基础是（　　）。

　　A. 成立要件主义　　　　　　　B. 对抗要件主义

　　C. 消灭要件主义　　　　　　　D. 变更要件主义

46. 不动产交易当事人通过查询不动产登记簿，可以判断交易标的物的物权归属，避免受到欺诈，体现了不动产登记（　　）的目的。

　　A. 保护不动产权利人的合法权益　B. 维护不动产交易安全

　　C. 利于国家对不动产进行管理　　D. 为国家进行宏观调控

47. 作为不动产登记的基本单位，不动产单元的特征不包括（　　）。

　　A. 界线明确　　　　　　　　　B. 空间确定

　　C. 信息透明　　　　　　　　　D. 使用价值独立

48. 王某决定赠与高某一套房地产，高某于2018年7月6日正式入住，2018年7月10日登记机构受理房屋登记申请，2018年7月12日将申请登记事项记载于登记簿，2018年7月13日高某领取不动产权证书。则高某取得该房屋所有权的时间是2018年（　　）。

　　A. 7月6日　　　　　　　　　　B. 7月10日

　　C. 7月12日　　　　　　　　　D. 7月13日

49. 李某作为不动产权利人去不动产登记机构登记房屋后，发现登记簿上将房屋的面积记载错误，此时李某可以向不动产登记机构申请（　　）。

　　A. 变更登记　　　　　　　　　B. 更正登记

　　C. 转移登记　　　　　　　　　D. 异议登记

50. 房地产预售广告中，不得涉及的内容是（　　）。

　　A. 中介服务　　　　　　　　　B. 房屋结构

　　C. 国家领导人肖像　　　　　　D. 物业广告

二、多项选择题（共30题，每题2分。每题备选答案中有2个或2个以上符合题意。错选不得分，少选且正确，每个选项得0.5分）

51. 下列房地产业的行业细分中，属于劳动密集型行业的有（　　）。
    A. 物业管理业　　　　　　　　B. 房地产咨询业
    C. 房地产经纪业　　　　　　　D. 房地产估价业
    E. 房地产开发经营业

52. 根据我国法规政策体系，下列属于法律的有（　　）。
    A.《物业管理条例》
    B.《住房公积金管理条例》
    C.《中华人民共和国物权法》
    D.《中华人民共和国城乡规划法》
    E.《中华人民共和国城市房地产管理法》

53. 根据土地利用总体规划，将土地用途分为（　　）。
    A. 农用地　　　　　　　　　　B. 建设用地
    C. 商业用地　　　　　　　　　D. 工业用地
    E. 未利用土地

54. 国有建设用地使用权的出让方式包括（　　）。
    A. 招标　　　　　　　　　　　B. 赠与
    C. 互换　　　　　　　　　　　D. 拍卖
    E. 挂牌

55. 国有土地上房屋征收范围确定后，不得在征收范围内实施的行为有（　　）。
    A. 继续居住　　　　　　　　　B. 出租房屋
    C. 扩建房屋　　　　　　　　　D. 改变房屋用途
    E. 新建房屋

56. 房屋所有权原始取得的情形包括（　　）。
    A. 买卖　　　　　　　　　　　B. 交换
    C. 继承　　　　　　　　　　　D. 依法建造房屋
    E. 收归国有的无主房屋

57. 国有建设用地使用权流转的方式包括（　　）。
    A. 出售　　　　　　　　　　　B. 互换
    C. 出资　　　　　　　　　　　D. 赠与
    E. 出让

58. 房地产所有权的特性包括（　　）。
    A. 周期性　　　　　　　　　　B. 垄断性
    C. 完全性　　　　　　　　　　D. 恒久性
    E. 绝对性

59. 下列关于房地产市场的说法，正确的有（　　）。
    A. 易产生泡沫　　　　　　　　B. 是区域市场
    C. 有周期性波动　　　　　　　D. 是完全独立的

E. 容易出现投机

60. 房屋购买经纪服务合同双方应达成协议的事项包括（　　）。
   A. 房屋基本状况　　　　　　　B. 经纪服务内容
   C. 委托权限　　　　　　　　　D. 经纪服务费用
   E. 违约责任

61. 房地产有偿转让包括（　　）。
   A. 房地产买卖　　　　　　　　B. 房地产赠与
   C. 房地产抵债　　　　　　　　D. 房地产继承
   E. 房地产作价入股

62. 房地产开发企业以提供虚假材料的方式取得商品房预售许可的，房地产管理部门可采取的处罚措施有（　　）。
   A. 警告
   B. 责令停止预售
   C. 撤销商品房预售许可
   D. 处 3 万元罚款
   E. 处以违法所得 3 倍以下但不超过 3 万元的罚款

63. 房地产开发企业在销售商品房中采取返本销售或者变相返本销售商品房的行为会被处以（　　）。
   A. 警告　　　　　　　　　　　B. 责令限期改正
   C. 责令限期取消　　　　　　　D. 1 万元以上 3 万元以下罚款
   E. 2 万元以上 3 万元以下罚款

64. 出卖人订立商品房买卖合同时，可以导致合同无效或者被撤销、解除的情形有（　　）。
   A. 商品房买卖合同订立后，出卖人未告知买受人又将房屋抵押给第三人
   B. 商品房买卖合同订立后，出卖人又将该房屋出卖给第三人
   C. 提供虚假商品房预售证明
   D. 故意隐瞒所售房屋已经抵押的事实
   E. 故意隐瞒所售房屋已经出卖给第三人

65. 关于商品住宅交易中，房地产开发企业对购买人的保修期限说法正确的有（　　）。
   A. 管道渗漏最低保修期限 1 年
   B. 管道堵塞最低保修期限 2 个月
   C. 卫生洁具最低保修期限 1 年
   D. 卫生间地面最低保修期限 1 年
   E. 顶棚抹灰层脱落最低保修期限 6 个月

66. 《物业管理条例》规定业主在物业管理活动中享有的权利有（　　）。
   A. 执行业主大会的决定　　　　B. 交纳物业服务费用
   C. 监督业主委员会的工作　　　D. 监督物业服务企业履行物业服务合同
   E. 参加业主大会会议，行使投票权

67. 根据《公共租赁住房管理办法》规定，应退回公共租赁住房的情形有（   ）。
    A. 转租公共租赁住房
    B. 无正当理由；连续 3 个月以上闲置公共租赁住房的
    C. 承租人累计 6 个月以上拖欠房屋租金的
    D. 改变承租公共住房用途的
    E. 已购买商品住房

68. 租赁房屋在租赁期间发生所有权变动的不影响合同效力的情形有（   ）。
    A. 房屋赠与   B. 房屋析产
    C. 房屋继承   D. 房屋买卖
    E. 房屋损毁

69. 住房公积金的特点有（   ）。
    A. 义务性   B. 互助性
    C. 保障性   D. 社保性
    E. 福利性

70. 住房公积金的提取是有限制条件的，职工提取住房公积金的情况是（   ）。
    A. 房租超出家庭工资收入规定比例的   B. 职工购买、建造自主住房的
    C. 偿还购房贷款本息的   D. 家庭生活日常支出的
    E. 缴存城市无自有住房租赁住房的

71. 我国个人住房贷款包含（   ）。
    A. 商业性个人住房贷款   B. 公积金个人住房贷款
    C. 抵押经营贷款   D. 个人信用贷款
    E. 个人信用卡套现

72. 下列房地产中，不得设定抵押权的有（   ）。
    A. 封闭小区的高档别墅住宅
    B. 学校图书馆
    C. 医院住院部
    D. 属于文物保护的纪念馆
    E. 未征得其他共有权人书面同意的写字楼

73. 物业管理所提供的有偿的无形商品有（   ）。
    A. 管理   B. 使用
    C. 保修   D. 服务
    E. 劳务

74. 规范物业管理行业的主要作用有（   ）。
    A. 有利于提高人民群众的居住质量   B. 有利于促进财务增值
    C. 有利于增加就业   D. 有利于维护社区稳定
    E. 有利于管理物业的服务对象

75. 物业管理制度中，与房地产经纪行业相关的制度有（   ）。
    A. 物业验收制度   B. 业主大会制度
    C. 管理规约制度   D. 物业承接查验制度

E. 住宅专项维修资金制度

76. 下列关于我国土地所有制的说法，正确的有（　　）。
    A. 我国实行土地的社会主义公有制
    B. 城市市区的土地属于集体所有
    C. 矿藏、水流、森林属于集体所有
    D. 土地公有制是我国土地制度的基础和核心
    E. 国有土地所有权由土地管理部门代表国家行使

77. 根据《物权法》，不动产登记机构的职责有（　　）。
    A. 必要时可以实地查看　　　　　B. 如实、及时登记有关事项
    C. 查验申请人提供的权属证明　　D. 就有关登记事项询问申请人
    E. 对申请登记的不动产进行评估

78. 下列取得房屋的情形中，可以由当事人单方申请登记的是（　　）。
    A. 甲公司新建房屋　　　　　　　B. 李某继承取得房屋
    C. 王某购买取得房屋　　　　　　D. 张某以生效法律文件取得房屋
    E. 陈某受遗赠取得房屋

79. 不收取登记费的情形有（　　）。
    A. 查封登记
    B. 注销登记
    C. 预告登记
    D. 异议登记
    E. 因不动产登记机构错误导致的更正登记

80. 下列情形中的房地产，不得发布广告的有（　　）。
    A. 在经国家征用的集体所有土地上建设的
    B. 权属有争议的
    C. 预售房地产，尚未取得预售许可证的
    D. 不符合工程质量标准，经验收不合格的
    E. 已建成的自住型商品房

三、综合分析题（共20题，每小题2分。每小题的备选答案中有1个或1个以上符合题意。错选不得分，少选且选择正确的，每个选项得0.5分）

（一）

A房地产开发企业（以下简称A企业）在K市L区开发建设了某普通商品住宅小区，向社会公开预售。2009年8月9日，刘某与A企业签订了商品房预售合同，购买了一套三居室住房（家庭唯一住房），单价为25000元/㎡。合同约定建筑面积为125㎡。房屋竣工后，A企业于2010年9月12日正式交房，刘某于2010年9月25日领到了房屋所有权证书，所有权证书上记载的建筑面积为120㎡。2016年8月，刘某欲在K市M区购买第二套商品住宅。

81. 针对A企业与刘某签订的商品房预售合同，A企业最迟办理商品房预售合同登记备案的时间、该预售住宅的质量保修期起始时间分别为（　　）。

A. 2009年10月8日；2010年9月12日
B. 2009年10月8日；2010年9月25日
C. 2009年9月8日；2010年9月12日
D. 2009年9月8日；2010年9月25日

82. 刘某未提出退房要求，则刘某实际支付该房的价款是（ ）万元。
    A. 300
    B. 296.875
    C. 287.5
    D. 293.725

83. 按现行制度，下列关于刘某可享受的税费优惠政策的表述中，错误的为（ ）。
    A. 刘某若在2013年将房屋转让，免征个人所得税
    B. 刘某若在2013年将房屋转让，免征印花税
    C. 刘某若在2013年将房屋出租，减按10%的税率征收个人所得税
    D. 刘某若在2016年8月买房，适用的契税税率为1.5%

84. 下列事件中，会导致A企业与刘某签订的商品房预售合同无效的是（ ）。
    A. A公司于2009年10月28日取得了《商品房预售许可证》
    B. 合同未约定违约金数额及损失赔偿额计算方法
    C. A企业未办理商品房预售合同登记备案
    D. 2010年12月10日，刘某楼上业主由于装修不当导致火灾，造成刘某住宅严重损毁

85. 刘某应当于商品房交付使用之日起（ ）日内，依法到登记机构办理权属登记手续，A企业应当予以协助，并提供必要的证明文件。
    A. 15
    B. 90
    C. 60
    D. 30

（二）

张某于2015年8月在某西部省份N市某普通商品住宅小区购得一套118 m²的三居室住宅，为其唯一家庭住房。由于距离工作单位较远，在房屋简单装修后，张某于2015年9月15日与李某签订了房屋租赁合同，租期为三年，约定租金可随市场价适当调整。2016年10月，李某将该住宅转租给其同事孙某，租期一年。2017年，张某欲将该商品住宅出售，计划在工作单位附近另购住房。

86. 张某与李某的房屋租赁合同有效期内，张某享有的权利和承担的义务为（ ）。
    A. 李某在合理期限内未缴付房租，张某有权单方解除合同
    B. 张某将该商品住宅中的次卧分租给其外地来京工作的远房侄子
    C. 维修房屋，确保房屋和屋内设施安全
    D. 张某不知情的情况下，李某将岳父一家人接来共同居住，张某有权单方解除合同

87. 李某的下列做法中，不妥的为（ ）。
    A. 李某与张某电话沟通转租事宜，征得了其同意
    B. 转租期间，孙某对该房造成了损坏，李某以非己方责任为由拒绝了张某的赔偿要求

C. 经李某积极促成，张某与孙某就增加一年转租期限协商一致

D. 2016年3月，张某以租金水平上涨为由向李某协商租金调整事宜，李某以房屋已转租为由要求张某与孙某协商租金调整事宜

88. 下列情形中，李某的优先购买权不能实现的情形为（　　）。

　　A. 张某履行通知义务后，李某在十日内未明确表示购买

　　B. 张某将房屋出卖给二十年的老朋友金某

　　C. 邻居王某已善意购买并办理登记手续

　　D. 张某将房屋出卖给自己的弟弟

89. 按现行制度，下列有关税费的说法，正确的是（　　）。

　　A. 若张某在2017年7月将房屋转售给谢某，作为谢某家庭的第二套改善性住房，则谢某适用的契税税率为2%

　　B. 若张某在2017年7月将房屋转售，免征土地增值税

　　C. 若张某在2016年11月前将房屋转售，减半征收土地增值税

　　D. 若张某在2020年9月将房屋转售，免征个人所得税

90. 若张某在2017年9月将房屋出售，应当办理（　　）登记。

　　A. 预告　　　　　　　　　　　　B. 更正

　　C. 转移　　　　　　　　　　　　D. 变更

（三）

周某于2014年11月购买了一套120 m² 的普通商品住房，与开发商签订了商品房预售合同。这是周某购买的第二套家庭改善性住房，第一套住房购于2005年，为一套60 m² 的普通商品住房，未使用贷款。周某可以使用其住房公积金。周某将第一套住房同时抵押给了于某和许某，向二人分别借了20万元，借款期限为两年，用作第二套住房的首付款。周某于2015年3月未通知于某和许某将第一套住房出租给单某。

91. 周某在与开发商签订了商品房预售合同后，为保障其将来物权的实现，按照规定可以向登记机构申请办理（　　）。

　　A. 首次登记　　　　　　　　　B. 转移登记

　　C. 抵押权登记　　　　　　　　D. 预告登记

92. 本例中办理第一套住房的抵押权登记时，须满足的条件为（　　）。

　　A. 提交已备案的商品房预售合同　　B. 提交抵押合同与主债权合同

　　C. 提交第一套住房的权属证书　　　D. 提交周某的收入证明

93. 周某在购买第二套房时决定使用住房公积金，以下说法正确的为（　　）。

　　A. 周某提取住房公积金，需经周某的配偶书面同意

　　B. 周某提取住房公积金，可由周某选择任意一家当地金融机构办理支付手续

　　C. 周某提取住房公积金，需由住房公积金管理中心核准

　　D. 周某提取住房公积金，需经过周某所在单位审核

94. 2017年3月，经于某和许某多次催要，周某仍不能偿还借款，以下做法欠妥的为（　　）。

　　A. 于某和许某可以与周某协议，以该抵押房产折价

B. 于某和许某可以与周某协议，变卖该抵押房产
C. 于某和许某可以请求人民法院判决该抵押房产归二人共同所有
D. 若于某与周某签订的折价协议损害了许某的利益，许某可在知道实情之日起一年内请求人民法院撤销该协议

95. 如人民法院判定折价或变卖该抵押房产，应当参照（　　）。
   A. 市场价格　　　　　　　　B. 评估价格
   C. 成交价格　　　　　　　　D. 平均价格

（四）

甲房地产企业（以下简称为甲企业）以拍卖方式取得了一宗居住用地的使用权，开发普通商品住宅小区。甲公司通过招标方式确定了乙建筑公司（以下简称为乙公司）为该项目施工单位，并通过电视、报纸、网络发布楼盘广告。袁某于2015年8月预购了该项目的一套住宅，2016年11月该项目竣工并交付使用，丙物业管理公司（以下简称为丙公司）负责该住宅小区的物业管理。在办理入住手续时，甲企业以代缴的方式，要求业主交纳产权登记相关税费、住宅专项维修资金以及第一年物业服务费和取暖费。

96. 业主大会成立前，该小区业主交存的住宅专项维修资金，由（　　）代管。
   A. 当地县级及以上政府建设（房地产）主管部门
   B. 甲企业
   C. 乙公司
   D. 丙公司

97. 在该住宅小区的竣工验收工作中，甲企业应（　　）。
   A. 组织一定数量的业主代表组成验收组，制定验收方案
   B. 组织各参建单位分别汇报工程合同履约情况
   C. 在工程竣工验收结束后，书面通知工程质量监督机构该工程已完成竣工验收工作
   D. 在工程竣工验收合格后，及时提出工程竣工验收报告

98. 袁某的退房请求能得到法律支持的情形为（　　）。
   A. 办理房屋所有权证前，确认房屋主体结构有质量问题
   B. 办理房屋所有权证后，确认房屋主体结构有质量问题
   C. 房屋实际面积比约定面积多了3%
   D. 交付使用前房屋毁损，对正常居住使用产生严重影响

99. 甲企业的下列广告语不符合规定的有（　　）。
   A. 该楼盘是具有时代特色的住宅　　B. 买我家楼盘，上重点小学
   C. 该楼盘由法国著名设计师精工设计　D. 距高铁站仅有20分钟车程

100. 甲企业应当持商品房预售合同到县级以上人民政府（　　）部门办理登记备案手续。
   A. 房地产管理　　　　　　　B. 土地管理
   C. 房地产规划　　　　　　　D. 税务管理

制度政策模拟卷答案及解析（一）

1.【答案】D

【解析】房地产业是从事房地产投资、开发、经营、服务和管理的行业，包括房地产开发经营、物业管理、房地产中介服务、房地产租赁经营和其他房地产活动。

【出处】《房地产交易制度政策》（第四版）P1

2.【答案】C

【解析】房地产咨询业主要是为有关房地产活动的当事人提供法律法规、政策、信息、技术等方面的咨询服务。

【出处】《房地产交易制度政策》（第四版）P3

3.【答案】B

【解析】房地产行政管理关系，是指房地产行政主管部门依据法律规定对房地产市场实施管理、监督、检查时发生的法律关系。

【出处】《房地产交易制度政策》（第四版）P5

4.【答案】A

【解析】土地公有制是我国土地制度的基础和核心，也是我国社会主义制度的重要经济基础。

【出处】《房地产交易制度政策》（第四版）P14

5.【答案】A

【解析】《土地管理法》规定，国家对耕地实行特殊保护，严格限制农用地转为建设用地，控制建设用地总量。

【出处】《房地产交易制度政策》（第四版）P16

6.【答案】C

【解析】《民法典》第三百五十九条规定："住宅建设用地使用权期限届满的，自动续期。续期费用的缴纳或者减免，依照法律、行政法规的规定办理。非住宅建设用地使用权届满后的续期，依照法律规定办理。"

【出处】《房地产交易制度政策》（第四版）P22

7.【答案】A

【解析】在建筑物区分所有权中，专有部分的所有权占主导地位。

【出处】《房地产交易制度政策》（第四版）P27

8.【答案】A

【解析】我国目前的房地产权利主要有所有权、建设用地使用权、宅基地使用权、土地承包经营权、地役权、抵押权、居住权和租赁权。上述房地产权利中，所有权以外的权利，统称为他项权利；租赁权属于债权，其余属于物权。

【出处】《房地产交易制度政策》(第四版)P36

9.【答案】B

【解析】使用是对房地产的运用,以便发挥房地产的使用价值。

【出处】《房地产交易制度政策》(第四版)P37

10.【答案】C

【解析】房地产转让的特征是房地产权属发生转移。

【出处】《房地产交易制度政策》(第四版)P45

11.【答案】A

【解析】房地产转让当事人在房地产转让合同签订后90日内持房地产权属证书、当事人的合法证明、转让合同等有关文件向房地产所在地的房地产管理部门提出申请,并申报成交价格。

【出处】《房地产交易制度政策》(第四版)P48

12.【答案】B

【解析】签订该合同前,房地产经纪机构应向房屋购买委托人说明该合同内容,并书面告知以下事项:① 应由房屋购买委托人协助的事宜、提供的资料;② 房屋买卖的一般程序及房屋购买可能存在的风险;③ 房屋买卖涉及的税费;④ 经纪服务内容和完成标准;⑤ 经纪服务收费标准、支付方式;⑥ 房屋购买委托人和房地产经纪机构认为需要告知的其他事项。B选项是向房屋出售方说明的内容,所以B选项错误。

【出处】《房地产交易制度政策》(第四版)P53

13.【答案】B

【解析】房地产经纪服务实行明码标价制度。房地产经纪机构未完成房地产经纪服务合同约定事项,或者服务质量未达到房地产经纪服务合同约定标准的,不得收取佣金。房地产经纪机构和房地产经纪人员不得捏造散布涨价信息,或者与房地产开发经营单位串通捂盘惜售、炒卖房号,操纵市场价格。不得对交易当事人隐瞒真实的房屋交易信息,低价收进高价卖(租)出房屋赚取差价。

【出处】《房地产交易制度政策》(第四版)P54

14.【答案】B

【解析】按照出让合同约定进行投资开发,完成一定开发规模后才允许转让,属于房屋建设工程的,开发单位除土地使用权出让金外,实际投入房屋建设工程的资金额应占全部开发投资总额的25%以上。

【出处】《房地产交易制度政策》(第四版)P56

15.【答案】A

【解析】共同共有人处分共有房屋,须经全体共同共有人同意。

【出处】《房地产交易制度政策》(第四版)P67

16.【答案】B

【解析】限制房地产交易:各级住房城乡建设管理部门要及时查询各级人民法院失信被执行人名单信息库,对失信被执行主体就商品房开发、施工许可、商品房预售许可、房屋买卖合同备案、房屋交易资金监管、楼盘表建立、购房资格审核、房源验核、存量房和政策房交易上市、住房公积金贷款等提出的申请,不予受理或从严审核有关材料。

【出处】《房地产交易制度政策》(第四版)P70

17.【答案】D

【解析】国有建设用地使用权授权经营的方式适用于现有国有企业使用的划拨建设用地使用权需要改制时。

【出处】《房地产交易制度政策》(第四版)P21

18.【答案】D

【解析】强化商品住房预售方案管理。房地产开发企业应当按照商品住房预售方案销售商品住房。预售方案中主要内容发生变更的,应当报主管部门备案并公示。

【出处】《房地产交易制度政策》(第四版)P87

19.【答案】D

【解析】《商品房销售管理办法》规定,商品房销售禁止以下行为:① 房地产开发企业不得在未解除商品房买卖合同前,将作为合同标的物的商品房再行销售给他人。② 房地产开发企业不得采取返本销售或者变相返本销售的方式销售商品房。③ 房地产开发企业不得销售不符合商品房销售条件的商品房,不得向买受人收取任何预订款性质费用。④ 商品住宅按套销售,不得分割拆零销售。

【出处】《房地产交易制度政策》(第四版)P89

20.【答案】B

【解析】未取得房地产开发企业资质证书,擅自销售商品房的,责令停止销售活动,处5万元以上10万元以下的罚款。

【出处】《房地产交易制度政策》(第四版)P90

21.【答案】A

【解析】出卖人未取得商品房预售许可证明,与买受人订立的商品房预售合同,应当认定为无效,但是在起诉前取得商品房预售许可证明的,可以认定为有效。

【出处】《房地产交易制度政策》(第四版)P94

22.【答案】D

【解析】《房屋建筑工程质量保修办法》规定,在正常使用条件下,房屋建筑工程的最低保修期限(即施工单位对建设单位的最低保修期限)为:① 地基基础工程和主体结构工程,为设计文件规定的该工程的合理使用年限;② 屋面防水工程、有防水要求的卫生间、房间和外墙面的防渗漏,为5年;③ 供热与供冷系统,为2个供暖期、供冷期;④ 电气系统、给水排水管道、设备安装为2年;⑤ 装修工程为2年。

【出处】《房地产交易制度政策》(第四版)P98

23.【答案】C

【解析】房地产开发企业作为房地产项目建设和营销的主体,是整个活动的组织者。

【出处】《房地产交易制度政策》(第四版)P100

24.【答案】C

【解析】业主分户账面上住宅专项维修资金余额不足首期交存额30%的,应及时续交。

【出处】《房地产交易制度政策》(第四版)P113

25.【答案】A

【解析】租金标准和支付方式约定不明是引起租赁纠纷的主要原因。

【出处】《房地产交易制度政策》(第四版)P120

26.【答案】A

【解析】出租人单方解除的情形主要有：① 承租人未经出租人同意将承租的房屋擅自转租的；② 承租人擅自变动房屋建筑主体和承重结构或扩建的；③ 承租人未按照约定的方法或者未根据房屋性质使用房屋，致使房屋受到损失的；④ 承租人无正当理由未支付或者迟延支付租金的，出租人请求承租人在合理期限内支付，承租人逾期不支付的；⑤ 不定期租赁（即未在租赁合同中明确约定租赁期限），出租人在合理期限之前通知承租人的；⑥ 法律、法规规定的以及合同约定的其他可以提前解除租赁合同的。

【出处】《房地产交易制度政策》(第四版)P122

27.【答案】B

【解析】承租人转租的，承租人与出租人之间的房屋租赁合同继续有效，第三人对租赁物造成损失的，转租人应当赔偿损失。

【出处】《房地产交易制度政策》(第四版)P124

28.【答案】D

【解析】商品房屋租赁当事人办理房屋租赁登记备案，应当提交下列材料：① 房屋租赁合同；② 房屋租赁当事人身份证明；③ 房屋所有权证书或者其他合法权属证明；④ 直辖市、市、县人民政府住房城乡建设管理部门规定的其他材料。

【出处】《房地产交易制度政策》(第四版)P128

29.【答案】C

【解析】公共租赁住房租赁合同期限一般不超过5年。

【出处】《房地产交易制度政策》(第四版)P131

30.【答案】B

【解析】个人住房贷款是指银行或其他金融机构向个人借款人发放的用于购买住房的贷款。我国个人住房贷款包括商业性个人住房贷款和住房公积金个人住房贷款两个类别，其中后者也是通过商业银行发放，又称之为委托贷款。

【出处】《房地产交易制度政策》(第四版)P134

31.【答案】C

【解析】预购商品房贷款抵押的，商品房开发项目必须符合房地产转让条件并取得商品房预售许可证。

【出处】《房地产交易制度政策》(第四版)P141

32.【答案】B

【解析】职工和单位住房公积金的缴存比例均不得低于5%。

【出处】《房地产交易制度政策》(第四版)P148

33.【答案】C

【解析】商业性个人住房贷款申请受理、审批、发放流程都在商业银行内部，住房公积金个人贷款受理、发放委托商业银行进行（部分城市住房公积金个人贷款受理由住房公积金管理中心自主完成），贷款审批则根据《住房公积金管理条例》规定由当地住房公积金管理中心负责。《住房公积金管理条例》规定住房公积金管理中心应当自受理申请之日起15日内作出准予贷款或者不准贷款的决定。

【出处】《房地产交易制度政策》(第四版)P149

34.【答案】B

【解析】房屋出租的税收，有房产税、增值税及城市维护建设税、教育费附加、企业所得税、个人所得税、印花税。契税的征税对象是转移土地、房屋权属的行为。房屋出租不征收契税。

【出处】《房地产交易制度政策》(第四版)P157

35.【答案】D

【解析】根据契税的减免规定：因不可抗力灭失住房，重新承受住房的，酌情准予减征或者免征契税。

【出处】《房地产交易制度政策》(第四版)P161

36.【答案】A

【解析】契税采用比例税率，税率为3%～5%。由省、自治区、直辖市人民政府在规定的幅度内提出，报同级人民代表大会常务委员会决定，并报全国人民代表大会常务委员会和国务院备案。

【出处】《房地产交易制度政策》(第四版)P160

37.【答案】C

【解析】自然人取得的下列所得，应缴纳个人所得税：① 工资、薪金所得；② 劳务报酬所得；③ 稿酬所得；④ 特许权使用费所得；⑤ 经营所得；⑥ 利息、股息、红利所得；⑦ 财产租赁所得；⑧ 财产转让所得；⑨ 偶然所得。

【出处】《房地产交易制度政策》(第四版)P172

38.【答案】B

【解析】房产税采用比例税率。按房产余值计征的，税率为1.2%，其计算公式为：应纳房产税税额＝房产原值×[1－(10%～30%)]×1.2%，即2450×(1－20%)×1.2%＝23.52万元。

【出处】《房地产交易制度政策》(第四版)P181

39.【答案】A

【解析】下列情形占用耕地，可以免征、减征耕地占用税：① 军事设施、学校、幼儿园、社会福利机构、医疗机构占用耕地，免征耕地占用税。② 铁路线路、公路线路、飞机场跑道、停机坪、港口、航道、水利工程占用耕地，减按每平方米2元的税额征收耕地占用税。③ 农村居民在规定用地标准以内占用耕地新建自用住宅，按照当地适用税额减半征收耕地占用税；其中农村居民经批准搬迁，新建自用住宅占用耕地不超过原宅基地面积的部分，免征耕地占用税。④ 农村烈士遗属、因公牺牲军人遗属、残疾军人以及符合农村最低生活保障条件的农村居民，在规定用地标准以内新建自用住宅，免征耕地占用税。

【出处】《房地产交易制度政策》(第四版)P195～P196

40.【答案】A

【解析】与其他租赁相比，房屋租赁合同的当事人除签订书面合同外，还应当通过城市房屋网签备案系统进行房屋租赁合同的网签备案，由住房和城乡建设主管部门办理登记备案手续。

【出处】《房地产交易制度政策》(第四版) P119

41. 【答案】C

【解析】出租人知道或者应当知道承租人转租，但在6个月内未提出异议的，视为出租人同意转租。

【出处】《房地产交易制度政策》(第四版) P124

42. 【答案】C

【解析】商品房预售许可依下列程序办理：受理→审核→许可→公示。

【出处】《房地产交易制度政策》(第四版) P85

43. 【答案】C

【解析】房屋建筑工程保修期从工程竣工验收合格之日起计算。

【出处】《房地产交易制度政策》(第四版) P98

44. 【答案】C

【解析】《民法典》规定，不动产物权的设立、变更、转让和消灭，依照法律规定应当登记的，自记载于不动产登记簿时发生效力；不动产登记簿是物权归属和内容的根据。

【出处】《房地产交易制度政策》(第四版) P203

45. 【答案】A

【解析】凡经依法登记的，不动产权利人在不动产方面的房屋所有权、建设用地使用权、抵押权、地役权等权利，受国家法律保护。任何组织或个人侵犯了不动产权利人的合法权益，都要承担法律责任。

【出处】《房地产交易制度政策》(第四版) P201

46. 【答案】D

【解析】不动产登记簿既要反映不动产的自然状况，还要反映其上建立的各类法律关系所导致物权变动的结果，在不动产统一登记制度中处于核心地位。

【出处】《房地产交易制度政策》(第四版) P203

47. 【答案】D

【解析】任何人不得损毁不动产登记簿，除依法予以更正外，不得修改登记事项。

【出处】《房地产交易制度政策》(第四版) P200

48. 【答案】D

【解析】转移登记仅适用于土地使用权、房屋所有权及抵押权等其他物权转移的情形，如买卖、互换、赠与、继承不动产的；以不动产作价出资（入股）的；不动产分割、合并导致权利发生转移的；法人或者其他组织因合并、分立等原因致使不动产权利发生转移的；共有人增加或者减少以及共有不动产份额变化的；继承、受遗赠导致权利发生转移的；因人民法院、仲裁委员会的生效法律文书导致不动产权利发生转移的；因主债权转移引起不动产抵押权转移的；因需役地不动产权利转移引起地役权转移的；法律、行政法规规定的其他不动产权利转移情形。

【出处】《房地产交易制度政策》(第四版) P207

49. 【答案】B

【解析】对房屋等建筑物、构筑物所有权首次登记，在建建筑物抵押权登记，因不动产灭失导致的注销登记，以及不动产登记机构认为需要实地查看的情形，不动产登记机构可以实地查看。对可能存在权属争议，或者可能涉及他人利害关系的登记申请，不动产登记机构可以向申请人、利害关系人或者有关单位进行调查。

【出处】《房地产交易制度政策》（第四版）P213

50.【答案】D

【解析】房地产广告投放的时间过短、广告频率过低，达不到预期的效果，而过期则失去了促销的意义。这就要求房地产广告发布者在投入广告费用之前选择好广告公司，并作好详细的市场调研和广告策划，尽量减少不可预见的风险，达到预期的效果。

【出处】《房地产交易制度政策》（第四版）P224

51.【答案】ADE

【解析】房地产开发经营业具有单件性、投资大、周期长、风险高、回报率高、附加值高、产业关联度高、带动力强等特点。

【出处】《房地产交易制度政策》（第四版）P51

52.【答案】ACD

【解析】物业管理业是劳动密集和知识密集的行业，房地产估价业是知识密集型行业，房地产经纪业是知识密集和劳动密集型的行业。

【出处】《房地产交易制度政策》（第四版）P3～P4

53.【答案】ACDE

【解析】《城市房地产管理法》确立了一系列重要制度和房地产行政管理体制：① 国有土地有偿、有限期使用制度；② 房地产成交价格申报制度；③ 房地产价格评估制度和评估人员资格认证制度；④ 土地使用权和房屋所有权登记发证制度；⑤ 房地产行政管理体制。

【出处】《房地产交易制度政策》（第四版）P10～P11

54.【答案】AB

【解析】房屋所有权按占有形式划分，可分为单独所有和共有两大类。

【出处】《房地产交易制度政策》（第四版）P26

55.【答案】BCDE

【解析】在他物权中，建设用地使用权、宅基地使用权、土地承包经营权、地役权、居住权属于用益物权，抵押权属于担保物权。

【出处】《房地产交易制度政策》（第四版）P36

56.【答案】ABCD

【解析】引起房屋所有权消灭的法律事实有如下几种：房屋所有权主体消灭；房屋所有权客体消灭；房产转让、受赠等引起原房屋所有权人对该房屋所有权权利的消灭；因国家行政命令或法院判决、仲裁裁决而丧失；房屋所有权人放弃。

【出处】《房地产交易制度政策》（第四版）P39

57.【答案】BCDE

【解析】我国目前的房地产权利主要有所有权、建设用地使用权、宅基地使用权、土地承包经营权、地役权、抵押权、居住权和租赁权。上述房地产权利中，所有权以外的权利，统称为他项权利；租赁权属于债权，其余属于物权。

【出处】《房地产交易制度政策》（第四版）P36

58.【答案】ABC

【解析】原始取得房屋所有权的情形：合法建造房屋；依法没收房屋；收归国有无主房屋；合法添附的房屋（翻建、加层）。继受取得房屋所有权的情形：因法律行为：买卖、赠与、交换。因法律事件：继承、遗赠。

【出处】《房地产交易制度政策》（第四版）P39

59.【答案】ACDE

【解析】规定下列房地产不得转让：① 未达到房地产转让条件的；② 司法机关和行政机关依法决定查封的；③ 依法收回土地使用权的；④ 共有房地产，未经其他共有人书面同意的；⑤ 权属有争议的；⑥ 未依法登记领取权属证书的；⑦ 法律和行政法规规定禁止转让的其他情形。

【出处】《房地产交易制度政策》（第四版）P46~P47

60.【答案】ABCE

【解析】合同双方应遵循自愿、公平、诚信原则订立该合同，就房屋基本状况、委托挂牌价格、经纪服务内容、服务期限和完成标准、委托权限、经纪服务费用、资料提供和退还、违约责任、合同变更和解除、争议处理、合同生效等达成合意。

【出处】《房地产交易制度政策》（第四版）P53

61.【答案】ABDE

【解析】《房地产经纪管理办法》第三十三条规定，有下列行为之一的，由县级以上地方人民政府建设（房地产）主管部门责令限期改正，记入信用档案；对房地产经纪人员处以1万元罚款；对房地产经纪机构处以1万元以上3万元以下罚款：① 房地产经纪人员以个人名义承接房地产经纪业务和收取费用的；② 房地产经纪机构提供代办贷款、代办房地产登记等其他服务，未向委托人说明服务内容、收费标准等情况，并未经委托人同意的；③ 房地产经纪服务合同未由从事该业务的一名房地产经纪人或者两名房地产经纪人协理签名的；④ 房地产经纪机构签订房地产经纪服务合同前，不向交易当事人说明和书面告知规定事项的；⑤ 房地产经纪机构未按照规定如实记录业务情况或者保存房地产经纪服务合同的。

【出处】《房地产交易制度政策》（第四版）P54

62.【答案】AE

【解析】房地产开发企业不按规定使用商品房预售款项的，由住房城乡建设管理部门责令限期纠正，并可处以违法所得3倍以下但不超过3万元的罚款。

【出处】《房地产交易制度政策》（第四版）P88

63.【答案】ABCD

【解析】商品房销售代理，是指房地产开发企业或其他房地产拥有者将商品房销售业务委托给依法设立并取得工商营业执照的房地产中介服务机构代为销售的方式。需要注意的是：① 实行销售代理必须签订委托合同；② 受托房地产中介服务机构销售商品房时，应当如实向买受人介绍所代理销售商品房的有关情况；③ 受托房地产中介服务机构在代理销售商品房时，不得收取佣金以外的其他费用；④ 房地产销售员一般需经过专业培训，达到一定的水平，方可从事商品房销售业务。

【出处】《房地产交易制度政策》（第四版）P88~P89

64.【答案】ACE

【解析】房地产中介服务机构代理销售不符合销售条件的商品房的,处以警告,责令停止销售,并可处以 2 万元以上 3 万元以下罚款。

【出处】《房地产交易制度政策》(第四版)P90

65.【答案】ABCE

【解析】物业管理的内涵包括如下几点:① 物业管理的管理对象是物业;② 物业管理的服务对象是人,即物业所有人(业主)和物业使用人;③ 物业管理的属性是经营。物业管理通常被视为一种特殊的商品,物业管理所提供的是有偿的无形商品劳务与服务。

【出处】《房地产交易制度政策》(第四版)P104

66.【答案】BCD

【解析】常规性公共服务包括:① 房屋建筑主体的管理及住宅装修的日常监督;② 房屋设备、设施的管理;③ 环境卫生的管理;④ 绿化管理;⑤ 配合公安和消防部门做好居住区内公共秩序维护和安全防范工作;⑥ 车辆道路管理;⑦ 公众代办性质的服务。

【出处】《房地产交易制度政策》(第四版)P104

67.【答案】ACD

【解析】承租人的义务:① 支付租金;② 合理使用、善意保管房屋;③ 租赁关系终止时归还房屋。

【出处】《房地产交易制度政策》(第四版)P121~P122

68.【答案】ABD

【解析】住房制度改革以前,我国公有住房在住宅供给中占据主导地位,对其实行"统一管理,统一分配,以租养房"的管理方针。

【出处】《房地产交易制度政策》(第四版)P117

69.【答案】ACDE

【解析】在建工程抵押合同应载明的内容:① 国有土地使用权证、建设用地规划许可证和建设工程规划许可证编号;② 已交纳的土地使用权出让金或需交纳的相当于土地使用权出让金的款额;③ 已投入在建工程的工程款;④ 施工进度及工程竣工日期;⑤ 已完成的工作量和工程量。

【出处】《房地产交易制度政策》(第四版)P144

70.【答案】ACE

【解析】住房公积金把住房改革和住房发展紧密地结合起来,缓解了长期困扰我国的住房机制转换问题和政策性住房融资问题。其作用有以下几个方面:① 住房公积金制度作为法定的住房货币分配方式是改革住房分配制度,把住房实物分配转变为货币分配的重要手段之一,增加了职工工资中的住房消费含量,实现了分配体制的转换。② 建立了职工个人住房资金积累机制,增强了职工解决住房问题的能力,调整了职工消费结构,确保了职工住房消费支出,有利于扩大住房消费,增加住房有效需求。③ 住房公积金制度为缴存职工提供比商业贷款利率低的住房公积金贷款,促进了政策性住房信贷体系的建立。

【出处】《房地产交易制度政策》(第四版)P146

71.【答案】ABCD

【解析】个人住房贷款申请应具备的条件有:① 具有完全民事行为能力的中华人民共

和国或符合国家有关规定的境外自然人；② 借款用途明确合法；③ 具有购买住房的合同或协议；④ 借款人具备还款意愿和还款能力；⑤ 借款人信用状况良好，无重大不良信用记录；⑥ 贷款人要求的其他条件。

【出处】《房地产交易制度政策》（第四版）P136~P137

72.【答案】ABCE

【解析】住房公积金提取条件有：（1）购买、建造、翻建、大修自住住房的；（2）离休、退休的；（3）完全丧失劳动能力并与单位终止劳动关系的；（4）出境定居的；（5）偿还购房贷款本息的；（6）房租超出家庭工资收入规定比例的。

【出处】《房地产交易制度政策》（第四版）P148

73.【答案】BCD

【解析】《物业管理条例》的立法指导思想，主要表现在以下三个方面：一是强调保护业主的财产权益，协调单个业主与全体业主的共同利益关系；二是强调业主与物业服务企业是平等的民事主体，是服务和被服务的关系；三是强调业主与物业服务企业通过公平、公开和协商方式处理物业管理事项。

【出处】《房地产交易制度政策》（第四版）P105

74.【答案】AB

【解析】房地产开发企业应当在商品住房交付使用时，向买受人提供《住宅质量保证书》和《住宅使用说明书》。

【出处】《房地产交易制度政策》（第四版）P101

75.【答案】ABCE

【解析】物业承接验收应当遵循的原则是诚实信用、客观公正、权责分明以及保护业主的共有财产的原则。

【出处】《房地产交易制度政策》（第四版）P110

76.【答案】BCDE

【解析】根据《民法典》《城市房地产管理法》《土地管理法》等法律法规，土地管理的基本制度包括土地登记制度、国有土地有偿有限期使用制度、土地用途管制制度、占用耕地补偿制度和永久基本农田保护制度等。A选项中，国有建设用地使用制度属于我国土地使用制度，而非土地管理制度。

【出处】《房地产交易制度政策》（第四版）P15

77.【答案】ABE

【解析】不动产登记簿记载的权属状况主要指不动产权利的主体、类型、内容、来源、期限、权利变化等信息。

【出处】《房地产交易制度政策》（第四版）P204

78.【答案】BC

【解析】按照登记物类型可分为土地登记、房屋登记、林权登记和海域登记等。

【出处】《房地产交易制度政策》（第四版）P206

79.【答案】ABCE

【解析】申请国有建设用地使用权和房屋所有权转移登记应提交下列材料：① 不动产登记申请书；② 申请人身份证明；③ 不动产权属证书；④ 买卖、互换、赠与合同；⑤ 继承或者受遗赠的材料；⑥ 分割、合并协议；⑦ 人民法院或者仲裁委员会生效的法律文书；⑧ 有批准权的人民政府或者主管部门的批准文件；⑨ 相关税费缴纳凭证；⑩ 其他必要材料。不动产买卖合同依法应当备案的，申请人申请登记时须提交经备案的买卖合同。

【出处】《房地产交易制度政策》（第四版）P216

80.【答案】BDE

【解析】B选项符合房地产广告真实性原则，D选项符合房地产广告合法性原则，E选项符合房地产广告科学性的原则；而A、C分别违背了科学性（传播封建迷信思想）、合法性（内部认购名目）。

【出处】《房地产交易制度政策》（第四版）P224～P225

81.【答案】BD

【解析】选项B中，建设用地使用权出让的最高年限应为居住用地出让的70年，故B错误。选项D中，普通居住用地使用权不可采用划拨方式取得。

【出处】《房地产交易制度政策》（第四版）P20

82.【答案】ACD

【解析】《城市房地产管理法》第四十五条规定，商品房预售应符合下列条件，分别是：① 已交付全部土地使用权出让金，取得土地使用权证书；② 持有建设工程规划许可证和施工许可证；③ 按提供预售的商品房计算，投入开发建设的资金达到工程建设总投资的25%以上，并已经确定施工进度和竣工交付日期；④ 向县级以上人民政府房地产管理部门办理预售登记，取得《商品房预售许可证》。B选项为商品房现售的条件。

【出处】《房地产交易制度政策》（第四版）P84

83.【答案】ABC

【解析】《商品销售管理办法》规定，商品房销售中禁止以下行为：① 房地产开发企业不得在未解除商品房买卖合同前，将作为合同标的物的商品房再行销售给他人；② 房地产开发企业不得采取返本销售或变相返本销售的方式销售商品房，不得采取售后包租或者变相售后包租的方式销售未竣工商品房；③ 房地产开发企业不得销售不符合商品房销售条件的商品房，不得向买受人收取任何预订款性质费用；④ 商品住宅按套销售，不得分割拆零销售。

【出处】《房地产交易制度政策》（第四版）P89

84.【答案】AB

【解析】房地产开发企业应当在商品房交付使用时，向购买人提供《住宅质量保证书》和《住宅使用说明书》。

【出处】《房地产交易制度政策》（第四版）P101

85.【答案】C

【解析】房地产开发企业应当在商品房交付使用之日起60日内，将需要由其提供的办理不动产权属登记的资料报送房屋所在地房地产行政主管部门，协助商品房买受人办理土地使用权变更和房屋所有权登记手续并提供必要的证明文件。

【出处】《房地产交易制度政策》（第四版）P103

86.【答案】D

【解析】出租人单方面解除房屋租赁合同的情形主要有以下几种，分别是：① 承租人未经出租人同意将承租的房屋擅自转租的；② 承租人擅自变动房屋建筑主体和承重结构或扩建的；③ 承租人未按照约定的方法或者未根据房屋性质使用房屋，致使房屋受到损失的；④ 承租人在合理期限内未支付租金的；⑤ 不定期租赁，出租人在合理期限之前通知承租人的；⑥ 法律、法规规定的其他可以提前解除租赁合同的。

【出处】《房地产交易制度政策》（第四版）P122

87.【答案】ABC

【解析】《合同法》规定房屋租赁期限不得超过二十年，超过二十年的，超过部分无效，故 A 错误。与其他租赁相比，商品房租赁合同的当事人除签订合同外，还应向建设（房地产）主管部门履行登记备案手续，故 B 错误。房屋租赁合同仅转移房屋的使用权，所有权并不发生变动，故 C 错误。

【出处】《房地产交易制度政策》（第四版）P119～P120

88.【答案】AC

【解析】为了保护承租人及其相关人员的合法权益，稳定租赁关系，我国相关法律法规明确"买卖不破租赁"的原则，故 A 正确。出租人出卖租赁房屋的，应当在出卖之前得合理期限内通知承租人，承租人享有同等条件下优先购买的权利，故 C 正确。

【出处】《房地产交易制度政策》（第四版）P120

89.【答案】BD

【解析】财产租赁所得应缴纳个人所得税；因此李某首先需缴纳个人所得税，个人出租住房取得的收入，减按 4% 的税率征收房产税。

【出处】《房地产交易制度政策》（第四版）P172、P184

90.【答案】AB

【解析】自 2008 年 3 月 1 日起，对个人销售或购买住房暂免征收印花税。房产税是持有环节的税，不是交易环节的税种。

【出处】《房地产交易制度政策》（第四版）P188、P192

91.【答案】B

【解析】国有建设用地使用权出让金，又称土地使用权出让金，是指通过有偿有期限出让方式取得国有建设用地使用权的受让人按照出让合同规定的期限，一次或分次向出让人提前支付的整个使用期间的地租，其实质是一定年期国有建设用地的出让价格。

【出处】《房地产交易制度政策》（第四版）P20

92.【答案】ACD

【解析】《城市商品房预售管理办法》规定，房地产开发企业申请办理《商品房预售许可证》，应当向市、县人民政府房地产管理部门提交下列证件及资料：土地使用权证、建设工程规划许可证、工程施工许可证。

【出处】《房地产交易制度政策》（第四版）P85

93.【答案】C

【解析】建设单位收到工程竣工报告后，对符合竣工验收要求的工程，组织勘察、设计、施工、监理等单位组成验收组，制定验收方案。

【出处】《房地产交易制度政策》（第四版）P99

94.【答案】AD

【解析】商品房屋租赁当事人办理房屋租赁登记备案，应当提交下列材料：① 房屋租赁合同；② 房屋租赁当事人身份证明；③ 房屋所有权证书或者其他合法权属证明；④ 直辖市、市、县人民政府住房城乡建设管理部门规定的其他材料。

【出处】《房地产交易制度政策》（第四版）P128

95．【答案】CD

【解析】契税是在土地、房屋权属发生转移时，对产权承受人征收的一种税，而王某属于卖方，因此不征收契税。房产税属于保有环节的税收，因此买卖环节不征收房产税。增值税是对在中华人民共和国境内销售服务、无形资产或者不动产的单位和个人征收的税种，王某转让房地产未满2年，因此应征收增值税。王某转让房地产收入44万元，而且未满5年，应征收个人所得税。

【出处】《房地产交易制度政策》（第四版）P159、P170

96．【答案】ABC

【解析】申请不动产登记的，申请人应当按照要求填写登记申请书，并向不动产登记机构提交：登记申请书、申请人或代理人身份证明材料、授权委托书、相关的不动产权属来源证明材料等，而不需要提交个人收入证明。

【出处】《房地产交易制度政策》（第四版）P215

97．【答案】AD

【解析】住房公积金月缴存额，指的是职工本人上一年度平均工资乘以职工和单位住房公积金缴存比例的和，不是本年度，故B不正确；当房租超过家庭工资收入规定比例时，住房公积金可以用于支付房租，故C错误。选项D，个人住房公积金贷款利率实行一年一定，于每年1月1日相应档次利率确定年度利率水平。

【出处】《房地产交易制度政策》（第四版）P148～P149

98．【答案】D

【解析】职工提取住房公积金的情形有：① 购买、建造、翻建、大修自住住房的；② 离休、退休的；③ 完全丧失劳动能力并与单位终止劳动关系的；④ 出境定居的；⑤ 偿还购房贷款本息的；⑥ 房租超出家庭工资收入规定比例的。

【出处】《房地产交易制度政策》（第四版）P148

99．【答案】B

【解析】转移登记是指因不动产权利人发生改变而进行的登记。张某购买了一套住房，不动产权利人发生了转移，因此需要进行转移登记。

【出处】《房地产交易制度政策》（第四版）P207

100．【答案】B

【解析】《商品房销售管理办法》和《最高人民法院关于审理商品房买卖合同纠纷案件适用法律若干问题的解释》中都对其处理原则做出了相同的规定：产权登记面积小于合同约定面积时，面积误差绝对值在3%以内（含3%）部分的房价款由房地产开发企业返还买受人；绝对值超出3%部分的房价款由房地产开发企业双倍返还买受人。面积误差比＝（产权面积－合同约定面积）÷合同约定面积。故在本题中：8000×3＋2×2×8000＝5.6万元。

【出处】《房地产交易制度政策》（第四版）P93

制度政策模拟卷答案及解析（二）

1．【答案】A
【解析】房地产业具有关联度高、带动力强，是经济发展的基础性、先导性产业，是我国现阶段的一个重要支柱产业。
【出处】《房地产交易制度政策》（第四版）P1

2．【答案】D
【解析】房地产中介服务分为房地产咨询、房地产估价和房地产经纪。
【出处】《房地产交易制度政策》（第四版）P3

3．【答案】D
【解析】房地产行政管理关系的典型特征是法律地位的不平等，是管理与被管理的关系。
【出处】《房地产交易制度政策》（第四版）P5

4．【答案】C
【解析】国有土地，其所有权由国家代表全体人民行使，具体由国务院代表国家行使。
【出处】《房地产交易制度政策》（第四版）P14

5．【答案】A
【解析】以划拨方式取得的国有建设用地使用权，除法律、行政法规另有规定外，没有使用期限的限制。
【出处】《房地产交易制度政策》（第四版）P18

6．【答案】D
【解析】工业、商业、旅游、娱乐和商品住宅等经营用地以及同一土地有两个以上意向用地者的，应当采取招标、拍卖等公开竞价的方式出让。
【出处】《房地产交易制度政策》（第四版）P19

7．【答案】C
【解析】《房屋征收条例》界定了公共利益的范围：① 国防和外交的需要；② 由政府组织实施的能源、交通、水利等基础设施建设的需要；③ 由政府组织实施的科技、教育、文化、卫生、体育、环境和资源保护、防灾减灾、文物保护、社会福利、市政公用等公共事业的需要；④ 由政府组织实施的保障性安居工程建设的需要；⑤ 由政府依照《城乡规划法》有关规定组织实施的对危房集中、基础设施落后等地段进行旧城区改建的需要；⑥ 法律、行政法规规定的其他公共利益的需要。
【出处】《房地产交易制度政策》（第四版）P28

8．【答案】B
【解析】与债权相比，所有权无需他人积极作用即可实现。而债权的行使必须以债务人的积极协助（即履行债务）为条件。

【出处】《房地产交易制度政策》（第四版）P38

9.【答案】B

【解析】地役权是指房地产所有权人或土地使用权人按照合同约定，利用他人的房地产，以提高自己的房地产效益的权利。

【出处】《房地产交易制度政策》（第四版）P42

10.【答案】A

【解析】房地产赠与属于单务法律行为，转让人负有义务将房屋赠与受让人，但受让人无需支付任何对价。

【出处】《房地产交易制度政策》（第四版）P46

11.【答案】B

【解析】签订该合同前，房地产经纪机构应向房屋出售委托人说明该合同内容，并书面告知以下事项：① 应由房屋出售委托人协助的事宜、提供的资料；② 委托出售房屋的市场参考价格；③ 房屋买卖的一般程序及房屋出售可能存在的风险；④ 房屋买卖涉及的税费；⑤ 经纪服务内容和完成标准；⑥ 经纪服务收费标准、支付方式；⑦ 房屋出售委托人和房地产经纪机构认为需要告知的其他事项。B 选项是房地产经纪机构应向房屋购买委托人说明的内容。

【出处】《房地产交易制度政策》（第四版）P52

12.【答案】B

【解析】房地产经纪机构与委托人签订房屋出售、出租经纪服务合同，应当通过房地产经纪机构在银行开设的客户交易结算资金专用存款账户划转交易资金。

【出处】《房地产交易制度政策》（第四版）P55

13.【答案】C

【解析】以房地产转让方式取得出让建设用地使用权的权利人，其实际使用年限不是出让合同约定的年限，而是出让合同约定的年限减去该宗建设用地使用权已使用年限后的剩余年限。则乙企业受让时的土地使用年限为 70－5＝65 年。

【出处】《房地产交易制度政策》（第四版）P57

14.【答案】D

【解析】《城市房地产管理法》做了明确规定，对划拨土地使用权的转让管理规定了两种不同的处理方式：一种是需办理出让手续，变划拨土地使用权为出让土地使用权，由受让方缴纳土地出让金；另一种是不改变原有土地的划拨性质，由转让方上缴土地收益或作其他处理。

【出处】《房地产交易制度政策》（第四版）P57

15.【答案】D

【解析】对失信被执行人房地产转让限制的相关惩戒措施包括：① 联合惩戒，包括限制购买不动产。② 限制房地产交易，包括存量房和政策房交易上市。③ 信息互通共享，将最高人民法院提供的失信被执行人名单信息及时推送至国家不动产登记信息平台。

【出处】《房地产交易制度政策》（第四版）P70～P71

16.【答案】D

【解析】网签能起到很好的监督作用，将信息对外公布，其交易的流程更加透明。可以通过网上实时查询获知交易进程，给买卖双方带来很大的便捷和安全。① 合同网签有效地避免了"一房卖二主""吃差价"、合同不规范、责任不明确等风险；② 有效保证房源真实性、交易透明、保障双方合法权益；③ 可以起到监督作用，信息对外公布，交易流程更加透明。

【出处】《房地产交易制度政策》（第四版）P72

17．【答案】C

【解析】交易结算资金的所有权属于交易当事人。

【出处】《房地产交易制度政策》（第四版）P81

18．【答案】A

【解析】预售许可的最低规模不得小于栋，不得分层、分单元办理预售许可。

【出处】《房地产交易制度政策》（第四版）P87

19．【答案】C

【解析】商品房建筑面积由套内建筑面积和分摊的共有建筑面积组成。

【出处】《房地产交易制度政策》（第四版）P92

20．【答案】A

【解析】按套（单元）计价的现售房屋，房地产开发企业应当在合同中附所售房屋的平面图。

【出处】《房地产交易制度政策》（第四版）P93

21．【答案】A

【解析】房屋毁损、灭失的风险，在交付使用前由出卖人承担，交付使用后由买受人承担；买受人接到出卖人的书面交房通知，无正当理由拒绝接收的，房屋毁损、灭失的风险自书面交房通知确定的交付使用之日起由买受人承担，但法律另有规定或者当事人另有约定的除外。

【出处】《房地产交易制度政策》（第四版）P95

22．【答案】B

【解析】根据《房屋建筑工程质量保修办法》，电气系统、给水排水管道、设备安装最低保修期限为 2 年。

【出处】《房地产交易制度政策》（第四版）P98

23．【答案】C

【解析】商品房交付使用后，购买人认为主体结构质量不合格的，可以向工程质量监督单位申请重新核验。

【出处】《房地产交易制度政策》（第四版）P101

24．【答案】A

【解析】业主大会是物业管理区域内物业管理的最高权力机构，是物业管理的决策机构，代表和维护物业管理区内全体业主在物业管理活动中的合法权益。

【出处】《房地产交易制度政策》（第四版）P108

25．【答案】D

【解析】《合同法》第二百一十四条规定："租赁期限不得超过二十年，超过二十年的，超过部分无效"。租赁期间届满,当事人可以续订租赁合同,但是,约定的租赁期限自续订之日起不得超过二十年。

【出处】《房地产交易制度政策》(第四版)P120

26.【答案】D

【解析】出租住房的,应当以原设计的房间为最小出租单位,人均租住建筑面积不得低于当地人民政府规定的最低标准。

【出处】《房地产交易制度政策》(第四版)P123

27.【答案】C

【解析】承租人的权利:对出租房屋享有居住、使用权,是承租人最基本的权利。同时,在租赁期限内因占有、使用租赁房屋获得的收益,归承租人所有,但当事人另有约定的除外。为稳定租赁关系保护承租人合法权益不受侵害,我国法律还赋予承租人一系列特殊权利,如优先购买权、买卖不破租赁,具体内容见本章第三节。另外,租赁房屋危及承租人的安全或者健康的,即使承租人订立合同时明知该租赁房屋质量不合格,承租人仍然可以随时解除合同。

【出处】《房地产交易制度政策》(第四版)P121

28.【答案】D

【解析】市、县人民政府住房保障主管部门应当会同有关部门,按照略低于同地段住房市场租金水平的原则。

【出处】《房地产交易制度政策》(第四版)P131

29.【答案】A

【解析】租赁房屋期间,房屋被抵押或查封的,原租赁合同继续有效。

【出处】《房地产交易制度政策》(第四版)P127

30.【答案】D

【解析】住房公积金月缴存额,为职工本人上一年度月平均工资分别乘以职工和单位住房公积金缴存比例后的和,即:住房公积金月缴存额=(职工本人上一年度月平均工资×职工住房公积金缴存比例)+(职工本人上一年度月平均工资×单位住房公积金缴存比例)。(5000+2000)×10%+(5000+2000)×10%=1400(元)。

【出处】《房地产交易制度政策》(第四版)P147

31.【答案】D

【解析】以共有的房地产设定抵押的,抵押人应当事先征得其他共有权人的书面同意。

【出处】《房地产交易制度政策》(第四版)P141

32.【答案】A

【解析】住房公积金的本质属性是工资性,是住房分配货币化的重要形式。

【出处】《房地产交易制度政策》(第四版)P146

33.【答案】A

【解析】个人所得税应缴纳所得额中的专项扣除内容包括:居民个人按照国家规定的范围和标准缴纳的基本养老保险、基本医疗保险、失业保险等社会保险和住房公积金等。

【出处】《房地产交易制度政策》(第四版)P173

34.【答案】A

【解析】土地使用权互换、房屋互换，为所互换的土地使用权、房屋价格的差额。土地使用权互换、房屋互换，互换价格相等的，互换双方计价依据为零；互换价格不相等的，以其差额为计税依据，由支付差额的一方缴纳契税。

【出处】《房地产交易制度政策》（第四版）P159

35.【答案】C

【解析】在我国境内转移土地、房屋权属，承受的单位和个人为契税的纳税人。转移土地、房屋权属是指下列行为：① 土地使用权出让；② 土地使用权转让，包括出售、赠与和交换；③ 房屋买卖；④ 房屋赠与；⑤ 房屋互换。

【出处】《房地产交易制度政策》（第四版）P158

36.【答案】A

【解析】从 2016 年 2 月 22 日起，对于个人购买家庭唯一住房（家庭成员包括购房人、配偶及未成年子女），面积在 $90m^2$ 以下的，减按 1% 的税率征收契税 $120 \times 1\% = 1.2$（万元）。

【出处】《房地产交易制度政策》（第四版）P162

37.【答案】B

【解析】《城市房地产管理法》中有关于房地产成交价格的规定，规定如下：房地产转让应当以申报的成交价格作为缴纳税费的依据。成交价格明显低于正常市场价格的，以评估价格作为缴纳税费的依据。

【出处】《房地产交易制度政策》（第四版）P10

38.【答案】D

【解析】权利人、利害关系人可以申请查询、复制登记资料，登记机构应当提供。不动产登记机构不得要求对不动产进行评估；不得以年检名义进行重复登记；不得有超出登记职责范围的其他行为。不动产登记机构将不动产权利归属登记于登记簿。

【出处】《房地产交易制度政策》（第四版）P206

39.【答案】C

【解析】城镇土地使用税的计税依据是纳税人实际占用的土地面积。纳税人实际占用的土地面积，是指由省、自治区、直辖市人民政府确定的单位组织测定的土地面积。

【出处】《房地产交易制度政策》（第四版）P193

40.【答案】A

【解析】房屋租赁合同自双方当事人达成协议时成立，并不以房屋的交付为合同的成立要件，故为诺成合同而非实践合同。出租人通过移交房屋使用权而获取佣金，承租人则通过缴纳租金获取房屋使用权，双方当事人互相承担义务和享受权利为双务有偿合同。

与其他租赁相比，房屋租赁合同的当事人除签订书面合同外，还应当通过城市房屋网签备案系统进行房屋租赁合同的网签备案，由住房城乡建设主管部门办理登记备案手续。

【出处】《房地产交易制度政策》（第四版）P119

41.【答案】C

【解析】房屋转租，是指房屋承租人将承租的房屋再出租的行为。转租要求：须经出租人书面同意；转租期限不得超过原合同规定的期限；除上述规定外，房屋转租也须签订转租协议，并办理登记备案手续。

【出处】《房地产交易制度政策》(第四版) P124

42. 【答案】D

【解析】公共租赁住房供应对象为城镇中等偏下收入住房困难的家庭、新就业无房职工和在城镇稳定就业的外来务工人员。

【出处】《房地产交易制度政策》(第四版) P131

43. 【答案】B

【解析】经规划部门批准的规划变更、设计变更导致商品房的结构形式、户型、空间尺寸、朝向变化,以及出现合同当事人约定的其他影响商品房质量或者使用工程情形的,房地产开发企业应当在变更确立之日起 10 日内,书面通知买受人。买受人有权在通知到达之日起 15 日内做出是否退房的书面答复。

【出处】《房地产交易制度政策》(第四版) P94

44. 【答案】D

【解析】集体土地所有权;房屋等建筑物、构筑物所有权;森林、林木所有权;耕地、林地、草地等土地承包经营权;建设用地使用权;宅基地使用权;海域使用权;地役权;居住权;抵押权和法律规定需要登记的其他不动产权利。《民法典》规定,依法属于国家所有的自然资源,所有权可以不登记,故国有土地所有权无须申请登记。

【出处】《房地产交易制度政策》(第四版) P200

45. 【答案】B

【解析】契据登记制的理论基础是对抗要件主义。

【出处】《房地产交易制度政策》(第四版) P200

46. 【答案】B

【解析】维护不动产交易安全:不动产物权交易的当事人通过查询不动产登记簿,就可以判断作为交易标的物的不动产上的物权归属与内容,可以正确判断能否进行交易,避免受到他人欺诈。

【出处】《房地产交易制度政策》(第四版) P201

47. 【答案】C

【解析】作为不动产登记的基本单位,不动产单元一般具备明确的界址或界线、地理空间上的确定性与唯一性、独立的使用价值等三个特征。

【出处】《房地产交易制度政策》(第四版) P203

48. 【答案】C

【解析】其他行为导致不动产物权的设立、变更、转让和消灭,均应当依法申请登记,自记载于不动产登记簿时发生效力。不动产登记生效的情形主要有:买卖、交换、赠与、分割房地产登记;基于合同约定抵押房地产登记;除依据法律文书、人民政府的征收决定和拆除房屋事实行为,已登记房地产权利的变更、更正、注销登记等。

【出处】《房地产交易制度政策》(第四版) P203

49. 【答案】B

【解析】更正登记是指登记机构根据当事人的申请或者依职权对登记簿的错误记载事项进行更正的登记。

【出处】《房地产交易制度政策》(第四版) P208

制度政策模拟卷答案及解析（二）

50.【答案】C

【解析】C选项很明显的属于盗用他人肖像权，违反了广告法中使用他人名义或形象。故不可以存在在房地产预售广告中。

【出处】《房地产交易制度政策》（第四版）P231

51.【答案】AC

【解析】物业管理业是劳动密集和知识密集的行业，房地产估价业是知识密集型行业，房地产经纪业是知识密集和劳动密集型的行业。

【出处】《房地产交易制度政策》（第四版）P3～P4

52.【答案】CDE

【解析】A、B选项属于房地产行政法规。

【出处】《房地产交易制度政策》（第四版）P6～P7

53.【答案】ABE

【解析】根据土地利用总体规划，将土地用途分为农用地、建设用地和未利用地。

【出处】《房地产交易制度政策》（第四版）P16

54.【答案】ADE

【解析】目前，国有建设用地使用权出让有招标、拍卖、挂牌和协议等方式。

【出处】《房地产交易制度政策》（第四版）P19

55.【答案】CDE

【解析】房屋征收范围确定后，买卖和抵押也会受到影响，不得在房屋征收范围内实施新建、扩建、改建房屋和改变房屋用途等不当增加补偿费用的行为；违反规定实施的，不予补偿。

【出处】《房地产交易制度政策》（第四版）P28

56.【答案】DE

【解析】原始取得房屋所有权的情形：① 合法建造房屋；② 依法没收房屋；③ 收归国有无主房屋；④ 合法添附的房屋（如翻建、加层）。继受取得房屋所有权的情形：因法律行为：买卖、赠与、交换。因法律时间：继承、遗赠。

【出处】《房地产交易制度政策》（第四版）P37

57.【答案】ABCD

【解析】国有建设用地使用权流转的方式包括出售、互换、出资、赠与、抵押。

【出处】《房地产交易制度政策》（第四版）P22

58.【答案】CDE

【解析】房地产所有权具有以下特性：完全性、整体性、恒久性、弹力性、绝对性。

【出处】《房地产交易制度政策》（第四版）P37～P38

59.【答案】ABCE

【解析】房地产买卖市场是典型的区域市场。由于房地产寿命长久、供给有限、保值增值，具有很好的投资品属性，存量房市场也极容易出现投机。过度的投机炒作会使房价大幅上涨，偏离其实际价值，产生价格泡沫。还受到经济发展、人口、政策等多种因素的影响，存量房市场会表现出周期性波动，出现高峰期和低谷期。

【出处】《房地产交易制度政策》（第四版）P46～P47

60.【答案】BDE

【解析】合同双方应遵循自愿、公平、诚信原则订立本合同,就房屋需求基本信息、经纪服务内容、服务期限和完成标准、经纪服务费用、资料提供和退还、违约责任、合同变更和解除、争议处理和合同生效等达成协议。

【出处】《房地产交易制度政策》(第四版)P53

61.【答案】ACE

【解析】有偿转让主要包括房地产买卖、房地产抵债、房地产作价入股等行为,无偿转让主要包括房地产赠与、房地产划拨等行为。

【出处】《房地产交易制度政策》(第四版)P45~P46

62.【答案】BCD

【解析】开发企业隐瞒有关情况,提供虚假材料,或者采用欺骗、贿赂等不正当手段取得商品房预售许可的,由住房城乡建设管理部门责令停止预售,撤销商品房预售许可,并处3万元罚款。

【出处】《房地产交易制度政策》(第四版)P88

63.【答案】ABD

【解析】房地产开发企业在销售商品房中采取返本销售或者变相返本销售商品房的行为处以警告、责令限期改正,并可以处以1万元以上3万元以下罚款。

【出处】《房地产交易制度政策》(第四版)P90

64.【答案】CDE

【解析】出卖人订立商品房买卖合同时,具有下列情形之一,导致合同无效或者被撤销、解除:①故意隐瞒没有取得商品房预售许可证明的事实或者提供虚假商品房预售许可证明;②故意隐瞒所售房屋已经抵押的事实;③故意隐瞒所售房屋已经出卖给第三人或者为拆迁补偿安置房屋的事实。

【出处】《房地产交易制度政策》(第四版)P87

65.【答案】ABCD

【解析】房地产开发企业对购买人的保修期不得低于下列最低保修期限:①地基基础和主体结构在合理使用寿命年限内承担保修;②屋面防水3年(竣工多年后房屋售出的,房屋建筑工程的最低保修期限已不足3年的,适用此款);③墙面、厨房和卫生间地面、地下室、管道渗漏1年;④墙面、顶棚抹灰层脱落1年;⑤地面空鼓开裂,大面积起砂1年;⑥门窗翘裂、五金损坏1年;⑦管道堵塞2个月;⑧供热、供冷系统和设备1个采暖期或供冷期;⑨卫生洁具1年;⑩灯具、电器开关6个月。

【出处】《房地产交易制度政策》(第四版)P102

66.【答案】CDE

【解析】《物业管理条例》规定业主在物业管理活动中享有的权利包括:①按照物业服务合同的约定,接受物业服务企业提供的服务;②提议召开业主大会会议,并就物业管理的有关事项提出建议;③提出制定和修改管理规约,业主大会议事规则的建议;④参加业主大会会议,行使投票权;⑤选举业主委员会成员,并享有被选举权;⑥监督业主委员会工作;⑦监督物业管理服务企业履行物业服务合同;⑧对物业共用部位、共用设施设备和相关场地使用情况享有知情权和监督权;⑨监督物业共用部位、共用设施设备专项维修资金的管理和使用；⑩ 法律、法规规定的其他权利。

【出处】《房地产交易制度政策》（第四版）P107

67. 【答案】ACDE

【解析】公共租赁住房合同终止的情形有：违法使用公共租赁住房：① 转借、转租或擅自调换所承租公共租赁住房的；② 改变所承租公共租赁住房；③ 破坏或者擅自装修所承租公共租赁住房的，拒不恢复原状的；④ 在公共租赁住房内从事违法活动的；⑤ 无正当理由连续6个月以上闲置公共租赁住房的。

【出处】《房地产交易制度政策》（第四版）P132

68. 【答案】ABCD

【解析】租赁物在租赁期间发生所有权变动的，不影响租赁合同的效力。所有权变动包括赠与、析产、继承或者买卖转让租赁房屋等。

【出处】《房地产交易制度政策》（第四版）P126

69. 【答案】ABC

【解析】住房公积金的特点主要有：① 义务性，指职工及所在单位都应按规定的缴存基数、缴存比例建立并按月缴存住房公积金。② 互助性，指住房公积金具有储备和通融的特性，可集中全社会职工的力量，把个人较少的钱集中起来，形成规模效应。③ 保障性，指住房公积金定向用于职工住房，并可通过安全运作实现合理增值。

【出处】《房地产交易制度政策》（第四版）P146

70. 【答案】ABCE

【解析】职工提取住房公积金的情形有：① 购买、建造、翻建、大修自住住房的；② 离休、退休的；③ 完全丧失劳动能力并与单位终止劳动关系的；④ 出境定居的；⑤ 偿还购房贷款本息的；⑥ 房租超出家庭工资收入规定比例的。

【出处】《房地产交易制度政策》（第四版）P148

71. 【答案】AB

【解析】个人住房贷款是指银行或其他金融机构向个人借款人发放的用于购买住房的贷款。我国个人住房贷款包括商业性个人住房贷款和住房公积金个人住房贷款两个类别，其中后者也是通过商业银行发放，又称之为委托贷款。

【出处】《房地产交易制度政策》（第四版）P134

72. 【答案】BCDE

【解析】房地产不得设定抵押权的有：① 权属有争议的房地产；② 用于教育、医疗、市政等公共福利事业的房地产；③ 列入文物保护的建筑物和有重要纪念意义的其他建筑物；④ 被依法查封、扣押、监管或者其他形式限制的房地产；⑤ 依法不得抵押的其他房地产。

【出处】《房地产交易制度政策》（第四版）P141

73. 【答案】DE

【解析】物业管理通常被视为一种特殊的商品，物业管理所提供的是有偿的无形商品——劳务与服务。

【出处】《房地产交易制度政策》（第四版）P104

74. 【答案】ABCD

【解析】规范物业行业的发展，对于全面建设小康社会具有积极的促进作用，具体主要是：① 有利于提高人民群众的居住质量，改善城市面貌；② 有利于增加就业，扩大居民消费；③ 有利于维护社会稳定，推动精神文明建设；④ 有利于促进财富增值，培育民主意识。

【出处】《房地产交易制度政策》（第四版）P89

75．【答案】BCDE

【解析】物业管理的基本制度包括：业主大会制度、管理规约制度、前期物业管理招投标制度、物业承接验收制度、住宅专项维修资金制度等。与房地产经纪行业相关的制度有业主大会制度、管理规约制度、物业承接查验制度、住宅专项维修资金制度。

【出处】《房地产交易制度政策》（第四版）P107～P109

76．【答案】AD

【解析】B 选项错误，城市市区的土地属于国家所有；C 选项错误，矿藏、水流、森林属于国家所有；E 选项错误，国有土地所有权由国家代表全体人民行使，具体由国务院代表国家行使。

【出处】《房地产交易制度政策》（第四版）P18～P19

77．【答案】ABCD

【解析】不动产登记机构的职责在于：查验申请人提供的权属证明和其他必要材料；就有关登记事项询问申请人；如实、及时登记有关事项；以及法律、行政法规规定的其他职责。申请登记的不动产的有关情况需要进一步证明的，登记机构可以要求申请人补充材料，必要时可以实地查看。

【出处】《房地产交易制度政策》（第四版）P266

78．【答案】ABDE

【解析】下列情形可以由当事人单方申请：① 尚未登记的不动产首次申请登记的；② 继承、接受遗赠取得不动产权利的；③ 人民法院、仲裁委员会生效的法律文书或者人民政府生效的决定等设立、变更、转让、消灭不动产权利的。

【出处】《房地产交易制度政策》（第四版）P212

79．【答案】ABCE

【解析】不收取登记费的情形有：查封登记、注销登记、预告登记和因不动产登记机构错误导致更正登记的，不收取登记费。

【出处】《房地产交易制度政策》（第四版）P220

80．【答案】BCD

【解析】凡下列情况的房地产，不得发布广告：① 在未经依法取得国有土地使用权的土地上开发建设的；② 在未经国家征用的集体所有的土地上建设的；③ 司法机关和行政机关依法裁定、决定查封或者以其他形式限制房地产权利的；④ 预售房地产，但未取得该项目预售许可证的；⑤ 权属有争议的；⑥ 违反国家有关规定建设的；⑦ 不符合工程质量标准，经验收不合格的；⑧ 法律、行政法规规定禁止的其他情形。

【出处】《房地产交易制度政策》（第四版）P231

81．【答案】C

【解析】商品房预售人应当在签约之日起 30 日内持商品房预售合同到县级以上人民政

府房地产管理部门和土地管理部门办理登记备案手续。故题目中预售合同登记备案的时间最迟应为 2009 年 9 月 8 日。而住宅的质量保修期从交付之日起计算，故题目中预售住宅的质量保修期起始时间应为交付之日 2010 年 9 月 12 日。

【出处】《房地产交易制度政策》（第四版）P72

82.【答案】B

【解析】本题中实测面积小于合同约定的面积，面积误差比为 4%，在 3% 以内的 3.75m² 的房价款由出卖人返还买受人，计 9.375 万元；超过 3% 的 1.25m²，房价款由出卖人双倍返还买受人，即 6.25 万元。因此，买受人实际支付的购房款 = 2.5×125－9.375－6.25 = 296.875 万元。

【出处】《房地产交易制度政策》（第四版）P93

83.【答案】AD

【解析】对个人转让自用达 5 年以上，并且是唯一家庭生活用房的所得，免征个人所得税，刘某若在 2013 年将房屋转让，年限不足 5 年，因此个人所得税没有减免，故 A 错误。对个人购买家庭第二套改善性住房，面积为 90 m² 以下的，减按 1% 的税率征收契税；面积为 90 m² 以上的，减按 2% 的税率征收契税，故 D 错误。

【出处】《房地产交易制度政策》（第四版）P162

84.【答案】A

【解析】商品房预售应满足如下条件：① 已交付全部土地使用权出让金，取得土地使用权证书；② 持有建设工程规划许可证；③ 按提供预售的商品房计算，投入开发建设的资金达到工程建设总投资的 25% 以上，并已经确定施工进度和竣工交付日期；④ 向县级以上人民政府房地产管理部门办理预售登记，取得《商品房预售许可证》。而选项 A 中，到商品房签订预售合同还没有取得预售许可证。

【出处】《房地产交易制度政策》（第四版）P85

85.【答案】B

【解析】预售的商品房交付使用之日起 90 日内，承购人应当依法到登记机构办理权属登记手续。开发企业应当予以协助，并提供必要的证明文件。

【出处】《房地产交易制度政策》（第四版）P87

86.【答案】AC

【解析】房屋租赁中出租人享有租金收益权，承租人逾期不缴纳房租则出租人有权单方解除合同。出租人同时也应承担其在租赁期间的义务，主要是：① 提供符合要求的房屋及其附属设施；② 对房屋进行维修。

【出处】《房地产交易制度政策》（第四版）P120～P121

87.【答案】ABD

【解析】承租人转租房屋的，应当经出租人书面同意，故 A 不妥当。承租人转租的，承租人与出租人之间的房屋租赁合同继续有效，第三人对租赁物造成损失的，承租人应当赔偿损失，故 B 不妥当。承租人经出租人同意将租赁房屋转租给第三人时，转租期限不得超过原房屋租赁合同剩余期限，但出租人与转租人双方协商一致的除外，故 C 妥当。转租期间，张某与李某间的房屋租赁合同继续有效，合同约定租金可随市场价适当调整，故 D 不妥当。

【出处】《房地产交易制度政策》(第四版) P124

88.【答案】CD

【解析】承租人优先购买权不能实现的情形包括：① 在存在房屋共有人行使优先购买权的；② 出租人将房屋出卖给近亲属，包括配偶、父母、子女、兄弟姐妹、祖父母、外祖父母、孙子女、外孙子女的；③ 出租人履行通知义务后，承租人在15日内未明确表示购买的；④ 第三人善意购买租赁房屋并办理登记手续的。

【出处】《房地产交易制度政策》(第四版) P127

89.【答案】ABD

【解析】除北京、上海、广州、深圳市外，对个人购买家庭第二套改善性住房面积为 90 m^2 以下的，减按1%的税率征收契税；面积为 90 m^2 以上的，减按2%的税率征收契税，故A正确。自2008年11月1日起，对个人销售住房暂免征收土地增值税。对于个人转让自用达5年以上，并且是唯一家庭生活用房的所得，免征个人所得税。

【出处】《房地产交易制度政策》(第四版) P176

90.【答案】C

【解析】转移登记是指因不动产权利人发生改变而进行的登记。张某将房屋转售，权利人发生改变，应该办理转移登记。

【出处】《房地产交易制度政策》(第四版) P207

91.【答案】D

【解析】预告登记，是指为保全一项以将来发生的不动产物权变动为目的的请求权的不动产登记。预告登记后，未经预告登记的权利人同意，处分该不动产的，不发生物权效力。

【出处】《房地产交易制度政策》(第四版) P209

92.【答案】BC

【解析】申请土地和房屋抵押权登记应提交下列材料：登记申请书、申请人身份证明、不动产权属证书、抵押合同与主债权合同等必要材料。

【出处】《房地产交易制度政策》(第四版) P216

93.【答案】CD

【解析】职工提取公积金时由单位审核，住房公积金管理中心核准，由受委托银行办理支付手续。

【出处】《房地产交易制度政策》(第四版) P130

94.【答案】C

【解析】抵押权人在债务履行期限届满前，与抵押人约定债务人不履行到期债务时抵押财产归债权人所有的，只能依法就抵押财产优先受偿。

【出处】《房地产交易制度政策》(第四版) P142

95.【答案】A

【解析】房地产抵押价值应当参照市场价格。

【出处】《房地产交易制度政策》(第四版) P124

96.【答案】A

【解析】业主大会成立前，商品住宅业主、非住宅业主交存的住宅专项维修资金，由物业所在地直辖市、市、县人民政府住房城乡建设管理部门代管。

【出处】《房地产交易制度政策》(第四版) P112

97.【答案】BD

【解析】建设单位在竣工验收工作中，主要的工作任务是组织工程竣工验收，组织勘察、设计、施工、监理等单位组成验收组，制定验收方案。并在工程验收合格后及时提出工程竣工验收报告。对符合竣工要求的工程，组织勘察、设计、施工、监理等单位组成验收组，制定验收方案。

【出处】《房地产交易制度政策》(第四版) P99

98.【答案】ABD

【解析】经核验，确属主体结构质量不合格的，购买人有权退房。

【出处】《房地产交易制度政策》(第四版) P101

99.【答案】ABD

【解析】房地产广告不得使用"国家级""最高级""最佳"等用语，房地产广告中不得含有广告能够为入住者办理户口、就业、升学等事项的承诺，房地产广告不得以项目到达某一具体参照物的所需时间表示项目位置。

【出处】《房地产交易制度政策》(第四版) P232

100.【答案】AB

【解析】房地产开发企业应当自商品房预售合同签订之日起30日内，到商品房所在地的县级以上人民政府住房城乡建设管理部门和自然资源管理部门备案。

【出处】《房地产交易制度政策》(第四版) P86

后　　记

　　本书编者团队希望从核心知识点、重要内容等层面着手，协助考生利用优质考题和仿真模拟试卷更轻松地复习并通过考试。恳请广大读者提出宝贵意见，便于后期修订。

编 者 简 介

杜岩
58安居客资深房产分析专家，深耕房地产行业15年。

刘惠鑫
58安居客培训赋能中心资深分析师。

赵汝霏
58安居客培训赋能中心职业资格考试内容教研负责人，从事房地产经纪相关工作近6年，其中3年考试钻研经验，主讲资格考试《房地产经纪职业导论》《房地产交易制度政策》《房地产经纪综合能力》课程，覆盖考试重点90%以上。

金梦蕾
58安居客培训赋能中心考试教研组高级教研员。2年习题册编写经验。擅长科目：《房地产经纪专业基础》《房地产经纪综合能力》。连续3年组织职业考试线上辅导工作，带班辅导学员过考率达80%以上。

侯蕴藝
58安居客培训赋能中心职业考试教研组新锐讲师，1年资格考试钻研经验，主讲协理课程内容，负责协理VIP班的答疑工作，并严格把控协理题库质量。

任芳芳
58安居客培训赋能中心高级讲师，7年房地产从业经验，其中5年房地产知识编写及相关命题经验，编写《房地产交易法律法规文件精选》《房地产交易知识库》《房地产经纪专业知识手册》等内容。

孙亚欣
北京正房科技联合创始人，全国房地产经纪专业人员职业资格考试人气讲师，北京房地产中介行业协会特聘讲师，全国房地产经纪人。从事房地产经纪相关工作十余年，组织线下讲座数百场，深受广大学员喜爱。

张莹
北京正房科技联合创始人，全国房地产经纪专业人员职业资格考试人气讲师，北京房地产中介行业协会特聘讲师，全国房地产经纪人。从事房地产经纪相关工作十余年，针对考点直击核心，让学员茅塞顿开，受益无穷。